高等职业教育公共管理与服务类专业系列教材

# 社会保障理论与实践

主　编　束军意
副主编　汤宇军
参　编　闫洪伟　刘　婷

机械工业出版社

本教材针对高职高专及成人学习的特点，突出探究性、自主性学习，强调基本理论、实践与最新动态、深度探究相结合，形式新颖、信息丰富、视角独特。

本教材以社会保障理论发展与改革实践为主，架构起理论与制度实践两大部分内容共八章。前三章为社会保障理论篇，内容包括社会保障概述、社会保障的产生与发展及社会保障法与管理；后五章为社会保障制度实践篇，分别介绍了社会保险、社会救助、社会福利、军人保障、补充保障等具体社会保障制度。

本教材适用于职业院校（高职高专、应用型本科）、成人高校、民办高校及本科院校举办的二级职业技术学院社会保障、人力资源管理、财政学等相关专业的教学；也可作为政府机关，企事业单位，人力资源与社会保障事务工作者的培训教材或工具书，还可作为普及社会保障理论知识的大众读物。

为方便教学，本教材配有电子课件、习题答案、二维码视频等教学资源。凡选用本教材的教师均可登录机械工业出版社教育服务网 www.cmpedu.com 注册后免费下载。咨询电话：010-88379375；服务 QQ：945379158。

## 图书在版编目（CIP）数据

社会保障理论与实践 / 束军意主编. —北京：机械工业出版社，2021.12
高等职业教育公共管理与服务类专业系列教材
ISBN 978-7-111-70113-2

Ⅰ. ①社… Ⅱ. ①束… Ⅲ. ①社会保障—高等职业教育—教材
Ⅳ. ①C913.7

中国版本图书馆 CIP 数据核字（2022）第 006998 号

机械工业出版社（北京市百万庄大街 22 号 邮政编码 100037）
策划编辑：乔　晨　　责任编辑：乔　晨
责任校对：孙莉萍　　封面设计：鞠　杨
责任印制：张　博

涿州市般润文化传播有限公司印刷

2022 年 1 月第 1 版第 1 次印刷
184mm×260mm · 11 印张 · 238 千字
0001—1500 册
标准书号：ISBN 978-7-111-70113-2
定价：39.00 元

电话服务　　　　　　　　网络服务
客服电话：010-88361066　　机　工　官　网：www.cmpbook.com
　　　　　010-88379833　　机　工　官　博：weibo.com/cmp1952
　　　　　010-68326294　　金　书　网：www.golden-book.com
封底无防伪标均为盗版　　　机工教育服务网：www.cmpedu.com

# 前言
Preface

社会保障制度对于经济发展、社会稳定有着重要的促进作用,是现代国家和文明社会的标志。它是伴随着生产社会化和市场经济体制的逐步形成建立、发展起来的。当今世界上所有的市场经济国家,都毫无例外地把实施和完善社会保障制度作为自己的基本国策之一。我国对社会保障制度建设高度重视。党的十九大报告中提出了提高就业质量、构建和谐劳动关系、加强社会保障体系建设等重要任务,一场影响深远的社会变革正在拉开大幕:数字经济时代产生的新就业方式、新组织管理形式、新劳动关系模式等对传统的制度范式提出了挑战;国家层面实施的供给侧结构性改革、生育政策调整等又对劳动力供给、要素市场化配置、社会保障提出了新的调整要求,同时给社会保障理论与实践的教学带来了巨大的挑战。

社会保障学是一门综合性学科,它与政治学、经济学、社会学、人口学、法学、中外史学、行政管理学等多门学科都有密切联系。我国社会保障体系建设发展较晚,且近几年发展变化迅速。特别是高职高专、成人教育、远程教育院校由于其特殊的学生结构,要求教材既吸取当今世界各国的经验,又紧密结合我国发展实际;既要体现教材的科学性和系统性,又要突出社会保障的时代性和较强的实践性。同时,社会保障教学的能力建设、项目导向、任务驱动等发展趋势也对教材提出了新的要求。

具体来说,高职高专、成人教育社会保障教材应该注重培养学生的分析理解技能,这就是说,在"理论够用、注重实用"的基础上,还应当重点培养深度探究能力,扩展课堂教学,做到学以致用。因此我们在本教材中做了初步探索,与国内同类型教材相比,本教材凸显以下三大特点:

(1)精。在保证社会保障理论框架基本完整的基础上,针对本教材目标读者群的特点,采用去粗取精、避免交叉重复等思路,提炼出更加清晰、精炼的教学体例。本教材分成理论篇和制度实践篇两个部分。在制度实践篇每章分为基本知识与我国实践两节内容。在"学习目标",针对每章具体内容,分别列出应重点掌握、理解、了解的内容,使读者一目了然;又如"引导案例",每章选择具有代表性的小案例,提出问题引导并驱动学生对答案的思考。

(2)新。本教材大部分选用近几年来社会保障方面的新案例、新数据。如"国际视野",针对各章内容,补充了其他国家相关社会保障的尝试,便于读者拓展视野、借鉴思考;又如"案例分析",选取反映教材每章重点内容的综合案例、新出台的法律法规作为读者讨论的蓝本,通过这种方式增强读者对该章内容的理解与应用。

(3)实。紧密结合我国社会保障改革实践,补充当前我国社会保障理论研究及实践中的热点和焦点问题,实操性强。如每章设有"社会实践"模块,针对每章内容设置难易适中的实践题,提高读者的实践能力;"延伸阅读"模块,针对每章内容提供经典或畅销书目,为读者阅读社会保障经典提供引导。

本书已被列为北京科技大学校级规划教材,并得到北京科技大学教材建设资金的资助。

为方便教学,本书配有电子课件、习题答案、二维码视频等教学资源。凡选用本书作为教材的教师均可登录机械工业出版社教育服务网 www.cmpedu.com 下载。咨询电话:010-88379375;服务QQ:945379158。

## 二维码索引

| 序号 | 微课名称 | 二维码 | 页码 |
|---|---|---|---|
| 1 | 第一章导读 | | 2 |
| 2 | 第二章导读 | | 24 |
| 3 | 第三章导读 | | 39 |
| 4 | 第四章导读 | | 60 |
| 5 | 第五章导读 | | 90 |
| 6 | 第六章导读 | | 111 |
| 7 | 第七章导读 | | 123 |
| 8 | 第八章导读 | | 147 |

# 目录 Contents

前言

二维码索引

## 第一部分 社会保障理论篇

### 第一章 社会保障概述 ... 2
- 引导案例 不让任何一个人掉队 ... 2
- 第一节 社会保障简介 ... 3
- 第二节 社会保障的体系结构 ... 8
- 第三节 社会保障制度的模式 ... 10
- 第四节 社会保障的基本理论 ... 13
- 本章小结 ... 19
- 案例分析 社会保障与国际金融危机 ... 20
- 社会实践 ... 21
- 练习题 ... 21
- 延伸阅读 《贝弗里奇报告：社会保险和相关服务》

  《中国社会保障发展报告（2020）》 ... 21

### 第二章 社会保障制度的产生与发展 ... 24
- 引导案例 全球迈向综合社会保障制度的百年历程 ... 24
- 第一节 现代社会保障制度的建立 ... 25
- 第二节 社会保障制度的成熟与完善 ... 26
- 第三节 社会保障制度的改革和调整 ... 28
- 第四节 我国社会保障制度的发展脉络 ... 29
- 本章小结 ... 34
- 案例分析 我国人口老龄化现状与趋势 ... 34
- 社会实践 ... 35
- 练习题 ... 35
- 延伸阅读 《西方国家社会保障制度史》

  《当世界又老又穷：全球老龄化大冲击》 ... 38

### 第三章 社会保障法与管理 ... 39
- 引导案例 北京市社会保险制度全险种市级管理实现全面统一 ... 39

  第一节　社会保障法 ........................................................... 40
  第二节　社会保障管理 ........................................................ 46
 本章小结 .................................................................................. 53
 案例分析　社会保险领域严重失信人名单管理暂行办法 ................ 53
 社会实践 .................................................................................. 56
 练习题 ..................................................................................... 56
 延伸阅读　《劳动法和社会保障法（第4版）》
     《社会保障基金管理：理论、实践与案例（第2版）》 .......... 58

## 第二部分　社会保障制度实践篇

### 第四章　社会保险 .......................................................................... 60
 引导案例　高薪能否代替保险 .................................................. 60
 第一节　社会保险概述 ........................................................... 61
 第二节　我国社会保险制度 ..................................................... 63
 本章小结 .................................................................................. 84
 案例分析　全国电子社保卡突破3亿 ......................................... 85
 社会实践 .................................................................................. 87
 练习题 ..................................................................................... 87
 延伸阅读　《养老保险》
     《美国病》 ................................................................... 89

### 第五章　社会救助 .......................................................................... 90
 引导案例　上海市虹口区民政局认真落实社会救助调标工作 ......... 90
 第一节　社会救助制度概述 ..................................................... 91
 第二节　我国社会救助制度 ..................................................... 93
 本章小结 ................................................................................ 103
 案例分析　北京市社会救助实施办法 ....................................... 103
 社会实践 ................................................................................ 107
 练习题 ................................................................................... 107
 延伸阅读　《社会救助与社会福利（第4版）》
     《贫穷的本质》 ............................................................ 110

### 第六章　社会福利 ......................................................................... 111
 引导案例　社会福利院开启老人"互联网+"新生活 ..................... 111
 第一节　社会福利概述 ......................................................... 112
 第二节　我国社会福利制度 ................................................... 114

  本章小结 .................................................................................................. 118
  案例分析 《上海市妇女儿童发展"十四五"规划》相关情况 .................. 118
  社会实践 .................................................................................................. 120
  练习题 ..................................................................................................... 120
  延伸阅读 《福利国家的变迁：比较视野》
      《中国儿童福利与保护改革研究》 ........................................ 122

## 第七章 军人保障 ........................................................................................ 123
  引导案例 关于共同促进自主就业退役军人就业的倡议 ........................... 123
  第一节 军人保障概述 ........................................................................... 124
  第二节 我国军人保障制度 ....................................................................... 128
  本章小结 .................................................................................................. 139
  案例分析 扎实做好优待工作 .................................................................. 140
  社会实践 .................................................................................................. 144
  练习题 ..................................................................................................... 144
  延伸阅读 《退役军人工作创新发展 100 例》
      《军人社会保障》 .................................................................. 145

## 第八章 补充保障 ........................................................................................ 147
  引导案例 北京：企业年金集合计划 ........................................................ 147
  第一节 补充保障概述 ........................................................................... 148
  第二节 我国补充保障制度 ....................................................................... 155
  本章小结 .................................................................................................. 164
  案例分析 99 公益日：架起新公益桥梁 .................................................. 164
  社会实践 .................................................................................................. 165
  练习题 ..................................................................................................... 166
  延伸阅读 《英国慈善活动发展史研究》
      《中小企业年金制度设计与创新研究》 ................................. 167

## 参考文献 ................................................................................................................ 168

# 第一部分 / Part 1

## 01 社会保障理论篇

第一章　社会保障概述 // 2
第二章　社会保障制度的产生与发展 // 24
第三章　社会保障法与管理 // 39

# 第一章　社会保障概述

第一章导读

**学习目标**

- ◇ 正确理解社会保障的含义。
- ◇ 掌握各项社会保障的基本内容。
- ◇ 掌握社会保障制度的模式。
- ◇ 了解各项社会保障的基本理论。

**知识结构图**

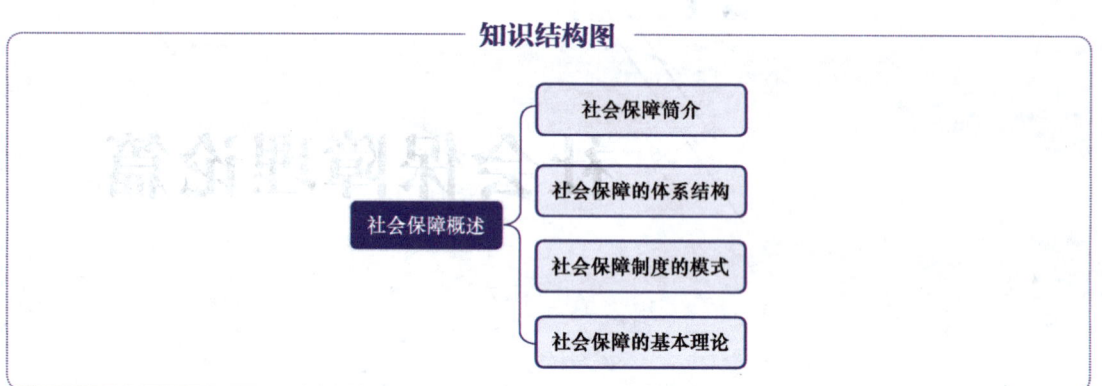

## 引导案例

### 不让任何一个人掉队

2015年9月，在联合国193个会员国举行的历史性首脑会议上一致通过了可持续发展目标——《2030年可持续发展议程》，旨在以综合方式彻底解决社会、经济和环境三个维度的发展问题，推动人类转向可持续发展。社会保护对实现可持续发展目标，促进社会公正并实现人人享有社会保障的公民权利至关重要。通过对社会和经济可持续发展的贡献分析，社会保护直接或间接地反映在17个可持续发展目标中。社会保护通过促进向更加绿色的经济和社会发展的"公正转型"，也有助于环境保护，因此社会保护在加快实现可持续发展目标方面发挥了关键作用。

思考：

什么是社会保障？社会保障的功能是什么？你认为社会保障与社会保护有什么联系？

## 第一节 社会保障简介

### 一、社会保障的概念

"社会保障"源于英文"social security",原意是指"社会安全",最早出现在美国 1935 年颁布的《社会保障法案》(The Social Security Act of 1935)。1944 年,第 26 届国际劳工大会通过的《关于国际劳工组织的目标和宗旨的宣言》中,正式采纳社会保障一词。国际劳工组织在世界推行各种计划的义务之一就是要扩大社会保障措施的覆盖范围,以便使所有需要此种保护的人获得基本的收入及完备的医疗服务。由于国际劳工组织在此后的一系列公约和建议书中多次使用这一概念,因此社会保障一词逐渐被世界各国所普遍采用。

#### (一)其他国家对社会保障概念的定义

英国《牛津法律大词典》对"social security"的释义具有一定的代表性:社会保障是旨在保护个人避免因年老、疾病、死亡或失业而致困境的一系列法律总称。英国《简明不列颠百科全书》指出:社会保障是一种公共福利计划,保护个人及其家庭免除因失业、年老、疾病或死亡而在收入上所受的损失,并通过公益服务(如免费医疗)和家庭生活补助提高其福利。社会保障包括社会保险、保健、福利事业和各种维持收入的计划。

德国学者对社会保障的定义是:社会保障旨在使竞争中失败的人不致遭受灭顶之灾,能获得重新参与竞争的机会,并为那些由于失去劳动能力或遭受意外而不能参与竞争的人提供生活保障。他们认为,自由放任的市场经济不能保证公正的收入分配,因此,需要政府加以干预。社会市场经济应该包括两个不可分割的领域:一个是能带来经济效益的市场;另一个是能带来社会"公正""安全"的社会保障制度。这里的"公正"是指可以缩小社会成员收入水平的差距,"安全"是指它可以为遭受不测的社会成员提供基本的生活保障。

美国《社会保障法》对社会保障的理解是:根据社会保障法制定的社会保险计划,对于因年老、长期残疾、死亡或失业而失掉工资收入者提供保障;同时对老年和残疾期间的医疗费用提供保障。老年、遗属、残疾和健康保险计划对被保险的退休者、残疾者和他们的家属以及被保险者的遗属,按月提供保金保险待遇。

日本学术界对社会保障的定义有广义和狭义之分。广义的社会保障被看成政府关于解决各种社会问题的社会政策的统称,而狭义的社会保障则被看成国民在生活上遭遇诸如失业、伤病、高龄等各种风险,而使这些国民的生活所得出现中断或减少,给国民生活带来困难时,通过社会保障机制进行国民再分配,保障其最低限度的收入所得,由国家来救济国民生活之缺损的制度。在这里,把社会保障作为包括社会保险、国家救助、社会福利、公共卫生等内容的统称。

### （二）有关国际组织对社会保障概念的定义

1942年国际劳工组织将社会保障定义为：通过一定的组织对这个组织的成员所面临的某种风险提供保障，它为公民提供保险金、预防和治疗疾病、失业时资助并帮助重新找到工作。国际劳工组织社会保障司在1989年出版的《社会保障导论》中，将社会保障概括为：社会通过一系列的公共措施，帮助其社会成员抵御由于疾病、生育、工伤、失业、残疾、年老和死亡而丧失收入或收入锐减引起的经济和社会灾难，为其提供医疗保险及补贴有子女家庭。

### （三）我国关于社会保障的定义

我国学术界是从20世纪80年代中期以后才逐渐对社会保障展开研究，对社会保障的定义至今尚未统一。20世纪90年代以前对社会保障的界定比较笼统，随着研究的深入，对社会保障的理解也不断深化。例如，《中国劳动人事百科全书》中认为，社会保障是"由一套完整的社会保险和福利项目构成，并由中央政府管理的体系"，旨在向全体公民提供一系列基本生活保障，使其免遭或摆脱人生的一切灾害。《中国民政词典》对社会保障的定义是"国家和社会依法对社会成员的基本生活给予保障的社会安全制度"。

此外许多不同的专家对此也有不同的补充论述。本教材赞同李春根在《社会保障理论与政策》中的定义：社会保障制度是以国家和政府为主体，通过立法采取强制手段对国民收入进行再分配，形成社会消费基金。当社会成员因年老、疾病、伤残、死亡、失业及其他灾难而出现生存困难时，提供物质上的帮助，以保证其基本生活需要的一系列有组织的措施、制度和事业的组成。

## 二、社会保障的特点

社会保障是国家对每一位社会成员获得基本生存权利所提供的一种托底保障，是对市场机制中"按劳分配"和"按生产要素分配"的必不可少的补充，虽然不同国家对社会保障的理解和解释存在差异，但各国实施社会保障制度在性质、宗旨、目标和基本内容等方面存在大量的共性。

### （一）社会性

社会保障作为强制实施的具有普遍性的社会"安全网"，突破了"家庭""企业"的界限，是社会化大生产的产物，是典型的社会行为。社会保障的社会性，主要表现在以下三个方面：①实施范围的社会性。即社会保障是国家在全社会范围内统一实施的社会经济制度，其保障对象应该是全体社会成员，是面向全体社会符合保障条件的社会公民普遍实施的制度。②资金来源和使用上的社会性。社会保障基金的主要部分是由国家在全社会范围内统一筹集的，国家通过征收社会保障税或社会保障费的形式，从全社会的各个方面筹集社会保障基金。同时，社会保障基金的使用也同样具有社会性，是由国家按照社会统一的标准和方式安排的。③制度目标的社会性。国家代表社会的共同利益来制定社会保障制度，其实施目标是通过社会保障来满足社会成员的基本生活需要，促进社会的稳定与和谐，促进社会公平目标的最终实现。

（二）强制性

社会保障制度是由国家立法建立的，并依法强制实施，因而具有强制性。世界各国都用法律形式将社会保障的项目、体制、基金、标准、监管等固定下来，无论市场发生何种变化，政府、社会保障机构和企事业单位都必须向公民履行提供社会保障的法定责任，不得以任何形式限制和取消法律赋予公民的社会保障权利。每一位社会成员都应依法参加社会保障，依法履行义务，并依法享受权利；社会成员在参加保障项目、享受保障待遇方面没有自由选择权，社会保障机构也不能拒绝给予社会成员应该享受的权益，随意改变保障项目和保障标准；社会保障基金依法强制筹集，任何单位和个人都应该依法按照规定的时间和数额缴纳，否则将追究其法律责任；社会保障的权利和义务方、社会保障机构和参加者如不遵守有关法律法规，可以诉诸法律求得解决。强制性是实施社会保障的组织保障。

（三）公平性

实现公平分配是社会保障追求的目标。社会保障的公平性主要体现在社会成员享受社会保障待遇的权利和机会是均等的。任何一位社会成员，当其基本生活发生危机时，都有均等的获得社会保障的机会和权利。而社会保障的目标和作用，最终也在于促进社会公平目标的实现。对于市场经济带来的收入分配两极分化的后果而言，如果没有社会保障制度来加以调节，就会对市场经济本身的正常运转产生消极的影响，甚至会产生危机。而社会保障的实施，对于弥补市场分配的缺陷，缩小社会成员之间的收入差距，保证社会公平目标的实现，是不可替代的。

（四）互济性

社会保障具有以丰补歉、同舟共济的特点，即通过所有成员互助共济实现对少数遭遇风险成员的收入损失的补偿。社会保障是按照社会成员共担风险原则组织进行的，它通过国民收入的分配和再分配调节个人收入，实现社会成员经济上的互助互济。在市场经济条件下，社会成员在社会机会、劳动能力、家庭负担等方面是不尽相同的，从而使不同的社会成员对社会保障项目的需求产生差异。社会保障制度通过社会保障基金的筹集和分配，在一定程度上保障了每个社会成员的基本生活需求，充分体现了人类互助互济的精神。另外，在市场经济下不可预测的事件频频发生，威胁着人们的正常生活，这也是谁都不能避免的，这就需要人与人之间，群体与群体之间相互伸出援手，共同来面对各种危机。

（五）福利性

社会保障的福利性表现为社会保障事业是一种社会福利事业，社会保障的各个环节不以营利为目的，它不仅对被保障人给予资金给付，而且提供医疗护理、伤残康复、教育培训、职业介绍以及各种社会服务。受保障的个人一般不直接交付全部保障费用，而是由实施的社会保障部门统一筹集经费，既有政府财政的部分，也有企业和个人缴纳的部分，还包括社会各方面的捐赠。

### 三、社会保障的功能

#### （一）稳定社会

社会保障不仅为人们提供生存和生活的实际支撑，如生病有医疗保险、失业有失业保险、年老有养老保险，甚至陷入生存危机还有救济保障等，而且还使整个社会的亲和力加强。在一个健全的社会保障安全体系下，社会成员的生活保障度、心理平衡度、社会公平度、人际亲密度等都大大增加，从而为社会创造和谐、安定的氛围，缓解各种社会矛盾，为社会更加有序、稳定做出了重要贡献。政府之所以提供社会保障，其根本原因就在于社会保障问题关系到整个社会的安全与稳定，而维护社会的安全与稳定是政府义不容辞的职责，也是政府得以存在的理由。社会保障是通过预先防范和及时化解风险来发挥其稳定作用的，所以社会保障被广泛认为是社会的稳定器、安全阀或减震器。

#### （二）调节经济

经济发展的三驾马车是出口、投资和消费。首先，社会保障对经济的调节作用、促进经济发展的功能主要是通过消费和投资的调节来实现的。根据凯恩斯的消费理论，消费与收入呈正比例关系，而社会保障的支出相当于居民的未来收入，如果这种支出涵盖较全面且预期又明朗，即人们的生、老、病、死都有所保障，社会保障十分完善，人们的实际预期收入就会增加，从而会刺激居民当前的消费，拉动经济增长。此外，社会保障基金本身也包含着有利于消费扩大的功能，如社会保障大量的津贴、补助及救济的保险金等，实际上也在增加人们的购买力，或在弥补失去的购买力，从而为消费的促进起着良好的推动作用。其次，社会保障基金为国家的经济建设提供了可靠的财源，促进了国家的经济建设和民众生活的改善。同时为资本市场提供了长期、稳定的资金来源，促进了资本市场的发展。毋庸置疑，社会保障基金也在频繁的投融资运作中，获得了应有的收益和回报。此外，社会保障是调节经济的"蓄水池"，具有有效的供求平衡功能，起到了减少经济震荡的作用。

#### （三）公平分配

在广泛的社会生活中，由于人们的劳动能力和家庭负担不同，会产生劳动收入和家庭生活富裕程度的差异，甚至出现不平等和不公平。一部分劳动能力弱、家庭负担重的弱势人群，会出现生活困难，有的还会陷入生存危机。特别是在市场经济优胜劣汰的竞争规律作用下，国民收入差距更有可能拉大，社会分配的不公所引起的社会矛盾因此会激化，从而影响社会的安定和经济的发展，而社会保障具有非常突出的国民收入再分配功能，因此在促进公平分配方面极富潜力。

社会保障主要通过两个方面的再分配手段来促进和实现社会公平分配：一是通过"垂直再分配"，即进行从高所得阶层向低所得阶层的收入转移，调节和缩小社会成员间收入分配和生活水平上的悬殊差距，尤其对收入较少或丧失收入来源的人们给予生活保障，缓解因分配不公所造成的事实上的不平等；二是通过"水平再分配"，即在个人或家庭的健康与患病、在职与退休之间进行收入转移，均衡调节人生不同阶段、不同情况下的收入水平，保证其在丧失或暂时丧失劳动能力和劳动收入时，也有可靠的收入支持，这是社会保障调节国民收入的另一个重要领域。在调节国民收入、促进公平分配的功能上，社会救助和社会保险的作用最为显著。

至今，世界许多国家和地区的民众并没有从贫困中解脱出来，甚至在加剧。许多工业化国家的失业率呈明显上升趋势；诸多发展中国家深受金融危机影响，就业形势相当严峻。尤其是在非洲，上百万人失去工作的风险在世界经济动荡的影响下仍然在许多国家蔓延。

### 四、社会保障的原则

#### （一）权利与义务相对应

根据社会保障追求的社会公平目标，应该坚持社会保障权利与义务的对应而非对等，即社会保障权利与义务的有机统一：公民要享受社会保障权利，必须承担一定的义务。但社会保障中的权利和义务在不同社会保障项目中有不同的体现，在社会保险项目中体现了权利与义务对等的原则，作为社会保障对象的权利主体需要履行应尽的义务——缴纳个人应承担的社会保险费，才能取得权利主体的资格，即个人只有履行按时足额缴纳社会保险费的义务后，才有权利在符合条件时申请享受社会保险待遇。而社会救助和部分社会福利项目的受益者往往是社会上某一特定群体，支付的费用则由全体社会成员来承担，正是这种受益方和支付方权利义务关系在一定程度上的不对等，才使得大部分弱势群体的生存状况有所改善和众多国民能共享社会经济发展的成果。

国家作为社会保障的构建与实施主体，负有不可推卸的社会保障义务和责任。国家通过立法规定社会保障制度的结构和运行规则，并根据经济发展形势适时调整社会保障政策，同时对社会保障提供"兜底"而非完全的责任。企业在社会保障中的义务，是必须依法为本单位员工办理社会保障参保手续，并按时足额缴纳用人单位自身应缴纳的保险费、代扣劳动者个人应缴纳的保险费。同时企业也有以下权利：要求社会保障机构提供社会保障政策咨询；就与本单位有关的社会保障争议提出诉讼或仲裁；监督社会保障机构及工作人员的工作等。个人则应履行按时足额缴纳社会保险费的义务，以及在符合社会保障项目申领资格条件时，按要求提交相关申领材料的义务。

#### （二）公平与效率相结合

现代社会保障制度产生的初衷，是以政府对社会公平的重视来弥补市场机制过度强调效率优先所导致的社会分配不公现象及其不能自动出清的弊端。在社会保障制度中，亦不能过度强调公平优先，而应是公平与效率相结合。原因在于公平与效率具有对立统一的关系，两者在社会保障中是通过经济发展产生间接联系的。效率是公平的基本前提，而公平是效率的保证。首先,效率是提高社会生产力、创造物质财富与改善人民生活的不竭动力。欠缺丰厚经济与物质基础上的"公平"显然只是对公平的空谈,阻碍经济发展与劳动者积极性下的"公平"为更不可取的公平,而高效率下的公平才能使社会保障更有物质保障。因此公平以效率为基本前提。其次,社会因财富分配不公且缺乏基本生活保障而处于动荡混乱状态时,效率再高也形成不了"拧成一股绳"的生产力,效率也就成为空谈。若社会保障体系的发展走向另一个极端,超越了经济发展所允许的范围,其增长超过了劳动生产率和工资的增长,经济发展过快、水平过高,就会减弱工资对劳动者的刺激作用,致使效率提升缺乏内在动力。只有提供适度的社会保障,通过保障劳动者的工作、身心健康和劳动力再生产的顺利进行,通过国民收入再分配,缩小市场初次分配造成的收入差距,并在一定程度上减缓社会成员之间分配不公现象,从而减轻劳动者的负担和解除劳动者的后顾之忧,营造社会安定团结局面,才能调动劳动者的积极性,从而促进经济发展和效率提高及经济效率的可持续性。因此,公平是效率的保证。

### (三)与经济发展水平相适应

这一原则也称为适当原则,是指社会保障的项目设置、适用范围、支付标准等应与国家的经济发展水平和承受能力相适应。社会保障水平过低,不能很好地保障公民的生活,不利于社会的稳定与发展,也降低了劳动者的积极性,最终会影响社会稳定,对社会经济发展产生负面影响。如果社会保障水平过高,社会保障支出增长过快,会造成国家负担过重,影响经济发展和竞争力。社会保障具有刚性,保障标准一旦确定,就只能升不能降。一定时期社会保障水平是否合理,主要受以下几个方面的制约:该时期的社会生产力水平、消费水平以及社会伦理道德标准等。

## 第二节 社会保障的体系结构

从大多数国家的情况来看,社会保障体系通常包括基本社会保障制度与补充保障两大类。前者由国家立法统一规范并由政府主导,一般包括社会保险、社会救助和社会福利三个基本组成部分,以及部分国家针对军人建立的社会保障制度等;后者则通常是在政府的支持下由民间及市场来解决,一般包括企业年金、慈善事业、互助保障等,它们构成对基本社会保障制度的补充并发挥着有益的作用。

### 一、社会保险

社会保险是指国家通过立法,按照权利与义务相对应原则,多渠道筹集资金,对参保者在遭遇年老、疾病、工伤、失业、生育等风险情况下提供物质帮助(包括现金补贴和服务),使其享有基本生活保障、免除或减少经济损失的制度安排。

社会保险是现代工业文明的产物，由基本养老保险、基本医疗保险、工伤保险、失业保险和生育保险共同构成社会保险的基本体系。

社会保险在整个社会保障体系中居于核心地位。社会保险的保障对象是劳动者，即人口群体中最重要的部分，而且社会保险还承担着每个劳动者全部生命周期所能遇到的造成其工资收入损失的所有风险。因此，社会保险在整个社会保障体系中的作用，是其他组成部分所无法替代的。（详见本教材第四章）

社会保险的完善程度，也是一个国家社会保障制度是否健全的标志，它是通过国家立法所建立的保障制度。凡是法律覆盖范围内的人群必须参加社会保险，强制性成为社会保险的最主要特征，而且社会保险的保险对象均是劳动者或者曾经是劳动者，社会保险要求被保险对象在一定条件下承担部分投保义务，即社会保险是有偿提供的，劳动者为享有被保险权利则需要缴纳保险费，义务的对等性是社会保险的又一重要特征。

## 二、社会救助

社会救助是指国家和社会对由于各种原因而陷入生存困境的公民，给予财物接济和生活扶助，以保障其最低生活需要的制度，它是政府或社会的行为，其救助对象是容易遭遇生活困境的社会脆弱群体。

社会救助包括最低生活保障、特困人员救助、灾害救助、专项救助等几部分内容。实施社会救助是国家的责任和义务，所需要的资金主要由国家财政提供，或者由社会成员自愿无偿提供。因此，得到救助者无须直接为此缴纳任何费用，无偿救助是社会救助的基本原则。但社会救助只能是一种最低层次的社会保障，其待遇在整个社会体系中处于最低水平，而且社会救助的对象是社会成员中特别脆弱的群体，往往生存面临危险威胁，如果没有社会救助，这部分社会成员极易陷入生存危机之中。（详见本教材第五章）

## 三、社会福利

广义的社会福利是指面对广大社会成员并改善其物质和文化生活的一切措施，是社会成员生活的良好状态。狭义的社会福利基本上指向困难群体提供的带有福利性的社会支持，包括物质支持和服务支持。

社会福利的内容异常广泛，包括国民教育福利、住宅福利、在岗劳动者的职业福利、老年人福利、儿童福利、妇女福利、残疾人福利等众多项目。举办者也具有广泛性，既有政府举办的福利，如国民教育福利、住房福利等，也有企业举办的福利，如职工福利，还有民间举办的福利，如慈善性福利，还有民办公助形式的社会福利等。社会福利是全民性的保障事业，虽然社会成员享有的福利项目或水平不可能完全一致，但从总体上讲，社会福利的享受者是全体社会成员，只要是符合社会福利待遇条件的社会成员，就可以享受社会福利的保障待遇。

随着工业社会的形成和发展，社会福利事业不再是支离破碎的缺乏社会吸引力的局部慈善行为，而是通过政府立法并组织实施的现代社会福利制度，福利提供的内容不单是物质生活方面的需要，还包括精神生活和个人全面发展方面的需要。（详见本教材第六章）

### 四、军人保障

军人保障是指由国家建立的，以军人（特定情形下惠及其家属）为保障对象的各种社会保障制度的统称，是一个由国家（中央政府）直接负责、能够涵盖军人的多种风险的综合性保障制度。理论界以及官方文件中普遍将军人保障制度称为社会扶优或扶优安置。军人保障包括社会优待、退役安置、伤亡抚恤等三部分内容。（详见本教材第七章）

### 五、补充保障

补充保障是基本社会保障制度之外，非政府主导、非强制性的各种社会保障机制的统称，是对基本社会保障制度的补充。它包括员工福利、企业年金、慈善事业与互助保障等。

补充保障是现代社会保障体系的一个组成部分。它主要是由社会团体、雇主等举办，个人自愿参加，采取社会化运作和管理的保障项目。因此，与前面的几个基本社会保障不同，它具有非政府主导和非强制性的特征。（详见本教材第八章）

## 第三节　社会保障制度的模式

社会保障制度的模式是指在不同的社会保障理念及不同国家的国情影响下，各国社会保障制度的内容、水平、运行机制具有的不同特点。由于社会保障理念受到各国经济、政治、社会、历史文化的影响，因此，社会保障制度的模式事实上是由经济、政治、社会、历史文化发展等综合因素决定的。从各国社会保障制度的基本安排出发，社会保障制度的模式可以分为四种类型，即社会保险型模式、福利国家型模式、强制储蓄型模式以及国家保险型模式。

### 一、社会保险型模式

该模式起源于19世纪80年代的德国，是最早出现的社会保障制度模式。这种模式是以社会保险为核心，社会保险费用由劳动者、雇主和国家三方承担，雇主与劳动者个人缴纳的社会保险费，形成养老、医疗、失业、工伤、生育等社会保险基金，当劳动者遭遇风险时，享受相应的社会保险待遇，社会保险基金在受保成员之间调剂使用。在德国基本确立了社会保险型模式后，许多发达国家如法国、美国、日本等以及众多发展中国家纷纷效仿德国颁布了社会保险法令，并确立了以社会保险制度为主的社会保障制度安排。在这些国家的实践下，社会保险型模式得到了长足的发展，成为具有旺盛生命力的一种模式。

其特点是：

（1）以劳动者为核心。社会保险制度面向劳动者，且主要是工薪劳动者，围绕着劳动者面临的年老、疾病、工伤、失业等风险设置保险项目，用以保障劳动者在遭遇这些事件时的基本生活。在某些情况下，社会保险制度还通过劳动者惠及其家庭成员。

（2）责任分担。社会保险强调雇主与劳动者个人分担劳动保险缴费责任，国家财政给予适当支持，从而是一种风险共担的社会保障机制。

（3）义务与权利相结合。社会保险强调劳动者享受社会保险的权利与缴纳社会保险费的义务相联系，劳动者享有的社会保险水平亦常常与缴纳社会保险费的多少和个人收入情况相联系，不参加社会保险或者未缴纳社会保险费是不能享受社会保障待遇的。

（4）社会保险基金的筹集以现收现付方式为主。社会保险型模式非常注意权利与义务的对等关系，强化责任分担意识，在追求公平的同时也体现了效率原则。不仅如此，社会保障基金在社会成员之间统筹使用，符合风险管理中的大数法则，体现了社会保险的互助互济宗旨。不过，采取现收现付方式筹集社会保险基金时，保险费率受人口年龄结构与人口就业比例的影响较大，难以应付人口老龄化导致的养老金支付高峰，进而可能因基金积累不足而造成财务危机。因此，有必要对此保持警惕和防范。

## 二、福利国家型模式

该模式起源于20世纪40年代末的英国。它始于贝弗里奇计划，其理论基础是阿瑟·塞西尔·庇古(Arthur Cecil Pigou)的福利经济学。1948年英国在通过一系列的社会保障法律并加以实施后，正式宣布建成福利国家。威廉·贝弗里奇(William Beveridge)也被称为"福利国家之父"。福利国家型模式是政府为居民提供"从摇篮到坟墓"的高水平保护的社会保障体系。在英国之后，西欧、北欧等一些国家也纷纷宣布建立福利国家。福利国家作为经济社会发展水平达到较高层次和社会文明进步的象征，在世界上风靡一时，在20世纪60年代达到鼎盛。

其特点是：

（1）政府负责与全面保障。在福利国家，政府是社会保障的责任主体，不仅承担着直接的财政责任，而且承担着实施、管理与监督社会保障的责任。同时，福利国家的社会保障项目众多，待遇标准也较高，保障项目设置涵盖了每个社会成员从"摇篮到坟墓"的一切福利保障需求，而个人通常不需缴纳或按低标准缴纳社会保障费用，福利开支主要由政府和企业负担。

（2）普遍覆盖与全民共享。"普遍性"和"全民性"构成福利国家型社会保障的基本原则，其目标在于维持社会成员一定标准的生活质量。各种社会保障制度不限于被保险人一人，同时推及其家属；不只限定于某一社会保险项目，而且推及所有维持合理生活水平有困难的所有事件，以最适当的方法给予保障。

（3）法制健全与充分就业。各种社会保障法律较为完整，依法实行并设有多层次的社会保障法律监督体系。国家采取各种措施促使人人能有就业的机会，通过国家政权的力量强制性消灭各种导致失业的因素，来实现充分就业的目的。

（4）累进税制与高税收。国家通过确立累进税制对国民收入的所得进行再分配，使社会财富不再集中于少数人手里；同时，为维持福利国家高水平的福利支出，也必然需要高税收来支撑。

> **国际视野 1-1**
>
> **高工资、高税率、高福利**
>
> 大部分发达资本主义国家劳动者收入较高，同时实行累进税制、遗产税、高税率、提供高福利等措施，某种程度上是为了减小不公平导致社会动乱的可能。西方发达国家的历史经验说明：不照顾穷人的利益，富人的利益也得不到保障。因此在现实中采用了高税收、高福利政策，这在一定程度上保证了社会的稳定和长期发展。
>
> 同时，这种制度也存在严重的弊端。第一是消费者对未来的消费能力预期过高，这种安全感会导致人们对经济形势做出错误的判断，急于满足当前需求，过度消费进而引发经济危机。第二是由于高福利的存在，使人们缺乏劳动积极性，产生懒惰情绪，消极不作为，进而使得社会增长动力不足。第三是高福利需要大量的税收来支持，而税收最终来源于劳动者创造的财富，因此会导致税负严重，个人实际收入下降，甚至收入超支，进而让高收入者感到不公平，创造财富越多，纳税越多，高收入者为低收入者或者不劳动者提供高福利保证。欧洲高福利国家的另外一个现象是政府高负债，政府在一定程度上透支了未来收益，进而增加了债务危机的可能。

### 三、强制储蓄型模式

该模式起源于 20 世纪 50 年代中期的新加坡，该模式强调自我负责，缺乏互济性。此模式是在国家立法规范下，采取强制手段扣除劳动者一部分工资，储存起来完全用于劳动者自己养老。它不存在劳动者之间的互助共济功能，从而也无法让风险在群体中分散。在该模式下，各个参与其中的劳动者均有一个账户，雇主与劳动者自己缴纳的费用直接计入该账户，并逐年积累，直到劳动者年老退休时才领取。因此，这种模式实现的是劳动者一生中的收入与负担的纵向平衡，在保障内容与项目上主要是养老保障。这一模式主要适用于具有长期积累性的养老保险。因此，除新加坡把其扩展至医疗、住房等领域并形成综合性的社会保障体系外，其他采纳该模式的国家大多只是用于养老保险方面。

### 四、国家保险型模式

该模式是由苏联创建并在 20 世纪中期被其他社会主义国家效仿的社会保障模式。该模式是以公有制为基础，与高度集中的计划经济体制相适应，由政府包揽向国民提供的社会保障。其宗旨是最充分地满足无劳动能力者的需要、保护劳动者的健康并维持其工作能力。

其特点是：

（1）国家通过宪法将社会保障确定为国家制度，公民所享有的社会保障权利由生产资料公有制保证，并通过相应的社会经济政策的实施取得。

（2）政府与企业承担责任。社会保障支出由政府和企业负担，其资金由全社会的公共资金无偿提供。由于国家已事先做了社会保障费的预留与扣除，个人不需要缴纳社会保障费。

（3）保障对象是全体公民。每一个有劳动能力的人都必须积极参加社会劳动，并在劳动中获得相应的社会保障，国家对无劳动能力的社会成员也提供物质保障。

（4）工会参与社会保障事业的决策与管理。它的社会保险的对象是公有经济部门的雇员，保险费由单位负担，各种社会保险项目由统一的组织机构——工会经办并和工人共同管理。

## 第四节 社会保障的基本理论

### 一、国家干预主义的社会保障理论

德国新历史学派、福利经济学、凯恩斯主义、瑞典学派及布莱尔的"第三条道路"等理论，在社会保障理论和实践中都起到了极其重要的作用。

（一）德国新历史学派

德国新历史学派出现于1870—1900年，当时正处于德国工业革命的成熟时期，资本家压榨劳工的劳资对立问题开始显现，尤其是1873年爆发的经济危机引起了中产阶级的没落，产生了失业和贫困等严重的社会问题。随着马克思主义的传播，在德国社会民主党的推动下，德国国内工人运动此起彼伏，强烈要求实施保护劳工的政策。在这种历史条件背景下，德国新历史学派提出了社会政策思路：主张国家至上，强调国家的职能不能局限于稳定社会秩序和发展军事实力，还应该直接干预和控制经济生活，并提出国家应通过立法实行包括社会保险、孤寡救济、劳资合作以及工厂监督在内的一系列社会措施，自上而下地实行经济和社会改革。

俾斯麦政府正是以新历史学派的主张为理论依据，使德国在全世界率先建立起现代社会保险制度。伴随着社会保险制度在欧洲国家的广泛传播，德国新历史学派所提供的国家福利社会保障思想也得到了许多国家的高度的认可。新历史学派成为西方资本主义国家初期社会保障的思想基础。

（二）福利经济学

福利经济学是形成于20世纪初的现代经济学的一个分支，英国经济学家庇古是福利经济学的创始人。他所著的《福利经济学》标志着福利经济学的正式产生，他本人也因此被推崇为福利经济学之父。庇古认为，福利指个人获得某种效用或满足。他将福利划分为社会福利和经济福利，只有能够用货币衡量的那部分福利才可称为经济福利。庇古根据边际效用基数论提出两个基本的福利命题：国民收入总量愈大，社会经济福利就愈大；国民收入分配愈是均等化，社会经济福利就愈大。他认为，经济福利在相当大的程度上取决于国民收入的数量和国民收入在社会成员之间的分配情况。因此，要增加经济福利，在生产方面必须增大国民收入总量，在分配方面必须消除国民收入分配的不均等。

到 20 世纪 50 年代，西方经济学家在批判和吸收庇古福利经济学的基础上形成了新福利经济学。福利经济学的内涵是英国后来推行"普遍福利"政策的理论根据之一，它为福利国家社会保障的发展提供了理论依据，对西方国家社会福利政策的制定和完善产生了积极影响。

### （三）凯恩斯主义

1929—1933 年资本主义世界经济大危机的出现，给资本主义经济下的传统福利理论带来了巨大冲击，在此背景下由英国著名经济学家约翰·梅纳德·凯恩斯创立的反危机理论应运而生。1936 年凯恩斯出版了《就业、利息和货币通论》一书，提出有效需求理论体系和通过国家积极干预经济，实现充分就业，促进经济增长的主张。凯恩斯首次提出了经济随时间的推移而演变的全新观念，从而开创了现代宏观经济学的新时代。在凯恩斯的经济干预主义思想中，社会保障占有相当重要的地位。

凯恩斯认为，在现代资本主义条件下，亚当·斯密的自由主义经济政策已经完全失灵，单纯依靠市场的自动调节，已经难以应对资本主义的困境，必须实行国家干预主义，由政府通过扩大财政支出，进行基础设施和公共福利的建设，扩大投资、发展生产，从而提高资本的有效需求。另外，刺激人口出生率的上升和生活水平的提高，从而提高居民的有效需求。凯恩斯主张通过国家调节和干预经济生活，以财政政策和金融政策为核心，通过财政赤字和举债的办法，达到刺激经济增长的目标。他不仅把国家经济干预和调节的范围扩大到再生产领域，而且扩大到再分配领域。例如，提高国民的生活水平，增加国民福利，特别是采取普遍福利政策，就是国家干预国民收入再分配的一种表现。

凯恩斯主义是 20 世纪西方经济思潮中影响最大的一个流派，是西方资本主义国家政府干预和调节经济的理论先驱，对 20 世纪世界经济的发展以及社会保障制度的发展都产生了重要影响。

### （四）瑞典学派

瑞典学派形成于 20 世纪 20 年代至 30 年代，主要代表人物有甘纳尔·缪尔达尔、埃里克·林达尔、贝蒂尔·俄林等。瑞典学派主张在经济上实行"国有化""福利国家""市场经济"三者相结合的制度。"福利国家"主要是指收入再分配政策，主张政府稳定经济，提供公共服务。瑞典学派的创始人约翰·古斯塔夫·维克塞尔认为应当由社会规定适当价格和最低工资，以提高穷人和富人的交换能力，从而增加社会总效用。瑞典学派强调收入和财富分配均等化，主张用累进税率来解决分配问题，他们认为一个理想的社会应当把福利普遍给予社会成员，使人人得到幸福。为此，国家应当负担起环境保护、公共物品和劳务的供给、经济稳定、收入和财富的分配等方面的责任。

根据瑞典学派的社会民主主义理论，瑞典建立了一套社会福利制度，涉及人们家庭生活和社会生活的许多重要方面，使瑞典成为典型的福利国家。

（五）布莱尔的"第三条道路"

"第三条道路"是指在传统资本主义和改良资本主义之间的一条中间道路，它是介于市场自由主义和福利国家思想之间的一种政策要求。1997 年英国保守党大选获胜，以托尼·布莱尔（Tony Blair）为首的工党回到执政党的位置，布莱尔自称其中间路线主张为"第三条道路"，并在国际上大力倡导。与其他西方国家左翼政党的取向大致相同，因此西方媒体将其统称为"第三条道路"。

"第三条道路"一方面承认私有制和市场经济的优越性，另一方面强调完全自由的政府不能保证市场以及社会稳定、公正、福利和安全，提倡实行"自由民主的社会主义"。他们把民主与国家政治生活引入社会经济生活，通过高额累进税限制私人资本，同时通过建立社会保障制度来消灭贫困，实现公民收入的公平分配和充分就业，扩大生活福利，最终实现社会公正。

"第三条道路"主张实行充分就业的经济政策，在私有制和私人企业经营的基础上，对部分产业实行国有化，由国家制定和推行必要的经济计划。通过国家干预使财富和收入分配趋于均等，实行一系列福利国家的社会经济政策，扩大社会福利，以克服市场自行运作所带来的各种弊端。

布莱尔的"第三条道路"在对待社会保障问题时认为，国家不仅应该提供适当水平的养老金，而且应该支持强制性的养老储蓄；逐步废除固定的退休年龄，把老年人看成一种资源而不是一种负担；严格管制劳动力市场，加大就业指导和就业培训；强调终身教育，鼓励人们通过储蓄和教育获得就业和投资创造能力，而不是无条件地依赖福利。

## 二、经济自由主义的社会保障思想

经济自由主义的奠基者，当属于 18 世纪英国经济学家——亚当·斯密。经济学自由主义的学派有很多，其中的供给学派、德国社会市场经济理论和新自由主义理论都对社会保障问题进行了论述。

（一）供给学派

供给学派出现于 20 世纪 70 年代中期以后，许多国家经济出现"滞胀"现象，在美国尤为严重，有效需求管理政策不再奏效，于是凯恩斯主义成为众矢之的。供给学派就是西方经济学界反对凯恩斯主义的一个派别，主要代表人物有阿瑟·拉佛、裘德·万尼斯基、保罗·罗伯茨等人。

供给学派认为社会福利金就像是对就业者征的税，而且是高边际税率。一个领取福利金的家庭，就业后的劳动收入会减少福利金，同时还要纳税。在弥补福利金减少额和扣除纳税额之后，实际净收入并未增加。供给学派认为社会福利制度就是对社会中最贫困的成员课征的没收式的税赋，使这些社会成员想改善生活的意愿化为泡影，又因为穷人以工作为生，而富人可以依靠财富为生，因此对劳动收入按照累进税征税，并不能有效地将富人的财富转向穷人。而过高的边际税率会阻止企业资本的积累，进而使企业失去创新动力。

### （二）德国社会市场经济理论

德国社会市场经济理论产生于20世纪30年代，主要代表人物有路德维希·艾哈德、亚历山大·吕斯托夫、米勒·阿尔马克等。第二次世界大战后，德国社会保障事业的迅速发展，主要受当时德国社会市场经济理论的影响。该理论一方面强调对国家干预主义的权利要进行限制，保证经济市场自由竞争和私有资产占市场的绝对优势。另一方面，又积极主张市场自由竞争原则和社会均衡原则相结合；总体经济目标即物价稳定、就业充分、国际收支平衡和稳定且适度的经济增长与社会福利目标相结合。该理论主张政府在经济利益和经济权利方面尽可能做到公平，并根据财政实力实行经济人道主义，让人们在非常情况下生活仍有保障，建立起根据经济规律调节的、以社会其他因素为补充和社会保障为特征的社会市场经济制度。这一理论认为，社会市场经济是要实现大众福利，要消灭社会贫富悬殊的现象，使绝大多数人享受到经济繁荣的果实。

### （三）新自由主义理论

新自由主义理论全称是"新自由主义经济学理论"，又称为新古典学派理论，盛行于20世纪70年代，主张自由竞争，反对自由放任；主张国家适当干预经济，反对国家调节经济过程。

新自由主义理论认为市场才是解决社会保障问题最有效的途径。以市场为导向，这样人们在接受社会保障措施时，不但会有更多的选择，而且自由程度也可以大大增加。该理论认为人人都要建立自我保障意识，家庭也必须对其成员的福利承担责任。新自由主义理论猛烈抨击了欧美规模庞大、人员过多的社会保障机构和效率低下的问题，主张社会保障走向私有化和民营化道路。

新自由主义理论的出台反映了欧美中产阶级的普遍心态，因而在欧美很有影响力。欧美中产阶层在20世纪70年代后期面对经常出现的经济衰退，十分关心如何对个人利益进行保障。在他们看来过分慷慨大度的社会保障长期发展下去，中产阶级不但获得不了太多的利益，而且需要付出更大的代价。同时，中产阶级也并不希望"福利国家"推行的社会保障制度完全瓦解，但过多的集体性保障措施使中产阶级应有的选择和自由越来越少，因此产生了不满。整个20世纪80年代，欧美国家的社会保障制度实际上处于停滞不前的状况，新自由主义理论付诸实施相当困难，并没有发生新自由主义学派设想的变化。

## 三、马克思主义社会保障理论及其中国化

马克思、恩格斯在解释资本主义发展规律的同时，也对社会保障理论进行了研究。其基本要点包括：揭示了社会保障的重要性；阐释了社会保障基金的性质；阐释了社会保障基金的构成及来源；解释了社会保障基金的用途；表达了社会保障的实效性。

在列宁的领导下，到 1922 年年底，苏俄逐步形成了一种全新的、以国家保险为主要内容的、各基层群众广泛享受的社会保障制度。在人类发展史上，首次实现了工人阶级以及广大劳动者享受社会保障，为建立世界上第一个社会主义国家的社会保障制度做出了贡献，为其他社会主义国家建设社会保障做出了表率。

新中国成立以来，各时期领导人在各自主政期间都非常重视做好社会保障工作，并且十分关注社会保障问题，为建立和发展具有中国特色的社会保障体系做出了重大贡献。

党的十八大报告提出，要坚持全覆盖、保基本、多层次、可持续方针，以增强公平性、适应流动性、保证可持续性为重点，全面建成覆盖城乡居民的社会保障体系，这为完善具有中国特色的社会保障体系提供了根本遵循。

党的十九大是我国发展进程中具有划时代意义的又一次重要会议。党的十九大报告进一步提出，按照兜底线、织密网、建机制的要求，全面建成覆盖全民、城乡统筹、权责清晰、保障适度、可持续的多层次社会保障体系；明确了中国特色社会主义进入了新时代这一新的历史方位，确立了坚持以人民为中心的习近平新时代中国特色社会主义思想和根据这一思想规划的国家发展基本方略，以及走向富强民主文明和谐美丽的社会主义现代化强国的战略步骤与行动纲领，为深化社会保障改革和全面建成中国特色社会保障体系构筑了新的时代背景。

"十三五"期间，为了让更多应参保而未参保的城乡居民享受社会保障，我国开展了社会保障历史上规模最大、范围最广的全民参保登记工作，基本摸清了参保底数，建立了覆盖 14 亿人基础数据的全民参保数据库，精准推进重点群体参保，各项社会保险覆盖范围不断扩大。截至 2020 年 10 月底，全国基本养老、失业、工伤保险参保人数分别为 9.92 亿人、2.14 亿人、2.64 亿人，均提前完成"十三五"规划目标。共有 5 949 万建档立卡贫困人口参加基本养老保险，参保率超过 99.99%，基本实现应保尽保。目前，我国养老保险参保人数已占全球养老保障总人数的三分之一，是世界上覆盖人数最多的养老保险制度。

## 国内热点 1-1

### 2021 年我国将构建更加完善的社保体系

2021 年 1 月召开的全国人力资源社会保障工作会议研究部署了 2021 年重点任务，提出要以深化改革为突破口、以保发放为底线任务，构建更加完善的社会保障体系。会议指出，2020 年，我国就业局势总体稳定并好于预期，年度目标任务全面完成，稳住了就业基本盘。人社扶贫任务全面收官，社会保障体系进一步完善，人才人事体制机制不断健全，放管服工作取得明显成效。

会议强调，2021 年，人社部门要把稳定和扩大就业作为工作主线，稳住市场主体和就业岗位，稳住高校毕业生、农民工等重点群体就业基本盘，兜牢困难人员就业，确保就业局势总体稳定。根据会议，人社部门 2021 年将扎实开展技能提升质量年活动，全面提高技能人才发展水平。扎实推进人才人事工作，做好相关重大表彰奖励工作，更好地激发人才创新创造活力。会议还要求，促进劳动关系和谐同行，防控矛盾风险，优化工资收入分配，切实保障劳动者待遇和权益。健全欠发达地区人社帮扶机制，巩固人社扶贫成果。着力消除服务群众的难点痛点堵点，提升人社服务质量水平等。

## 国内热点1-2

### "十四五"残疾人保障和发展规划（节选）

为贯彻落实习近平总书记关于残疾人事业的重要指示批示精神和党中央、国务院决策部署，进一步保障残疾人民生、促进残疾人发展，依据《中华人民共和国残疾人保障法》和《中华人民共和国国民经济和社会发展第十四个五年规划和2035年远景目标纲要》，制定本规划。

党中央、国务院高度重视残疾人事业发展，对残疾人格外关心、格外关注。"十三五"时期，残疾人事业取得重大成就，"全面建成小康社会，残疾人一个也不能少"的目标如期实现。710万农村建档立卡贫困残疾人脱贫，城乡新增180.8万残疾人就业，1 076.8万困难残疾人被纳入最低生活保障范围。1 212.6万困难残疾人得到生活补贴，1 473.8万重度残疾人得到护理补贴。残疾人基本康复服务覆盖率达到80%，辅助器具适配率达到80%。残疾儿童少年接受义务教育的比例达到95%，5万多名残疾学生进入高等院校学习。城乡无障碍环境明显改善，关爱帮助残疾人的社会氛围日益浓厚。越来越多的残疾人更加勇敢地面对生活的挑战，更加坚强地为梦想而奋斗，为经济社会发展做出了重要贡献。我国在国际残疾人事务中的影响力显著提升。这些重大成就，有效改善了残疾人民生，有力推动了社会文明进步，成为全面建成小康社会的重要方面，彰显了中国共产党领导和中国特色社会主义制度的显著优势。

我国有8 500多万残疾人。"十四五"时期，由于人口老龄化加快等因素，残疾仍会多发、高发。残疾人人数众多、特性突出，特别需要关心帮助。当前面临的突出问题：一是残疾人返贫致贫风险高，相当数量的低收入残疾人家庭生活还比较困难。二是残疾人社会保障水平和就业质量还不高，残疾人家庭人均收入与社会平均水平相比还存在不小差距。三是残疾人公共服务总量不足、分布不均衡、质量效益还不高，残疾人就学就医、康复照护、无障碍等多样化需求还没有得到满足。四是残疾人平等权利还没有得到充分实现，歧视残疾人、侵害残疾人权益的现象还时有发生。五是残疾人事业仍然是经济社会发展的短板，欠发达地区、农村和基层为残疾人服务的能力尤其薄弱。

残疾人事业是中国特色社会主义事业的重要组成部分，扶残助残是社会文明进步的重要标志。习近平总书记强调，"残疾人事业一定要继续推动"，要"促进残疾人全面发展和共同富裕"。在全面建设社会主义现代化国家的新征程中，决不能让残疾人掉队。"十四五"时期，要继续加快发展残疾人事业，团结带领残疾人和全国人民一道，积极投身全面建设社会主义现代化国家的伟大实践，共建共享更加幸福美好的生活。

**主要目标：**

到 2025 年，残疾人脱贫攻坚成果巩固拓展，生活品质得到新改善，民生福祉达到新水平。多层次的残疾人社会保障制度基本建立，残疾人基本民生得到稳定保障，重度残疾人得到更好照护。多形式的残疾人就业支持体系基本形成，残疾人实现较为充分较高质量的就业。均等化的残疾人基本公共服务体系更加完备，残疾人思想道德素养、科学文化素质和身心健康水平明显提高。无障碍环境持续优化，残疾人在政治、经济、文化、社会、家庭生活等各方面平等权利得到更好实现。残疾人事业基础保障条件明显改善，质量效益不断提升。

到 2035 年，残疾人事业与经济社会协调发展，与国家基本实现现代化目标相适应。残疾人物质生活更为宽裕，精神生活更为丰富，与社会平均水平的差距显著缩小。平等包容的社会氛围更加浓厚，残疾人充分享有平等参与、公平发展的权利，残疾人的全面发展和共同富裕取得更为明显的实质性进展。

## 本章小结

| | 章节知识结构 | | 学习的重点与难点 |
|---|---|---|---|
| 社会保障简介 | 社会保障的定义<br>社会保障的特点<br>社会保障的功能<br>社会保障的原则 | | 重点：社会保障的定义、特点、功能和原则<br>难点：社会保障的功能、原则 |
| 社会保障的体系结构 | 社会保险<br>社会救助<br>社会福利<br>军人保障<br>补充保障 | | 重点：社会保险、社会救助、社会福利、军人保障、补充保障的概念<br>难点：各个保障项目内容的区别 |
| 社会保障制度的模式 | 社会保险型模式<br>福利国家型模式<br>强制储蓄型模式<br>国家保险型模式 | | 重点：四种社会保障模式的内容、意义<br>难点：四种社会保障模式的区别 |
| 社会保障的基本理论 | 国家干预主义的社会保障理论 | 德国新历史学派<br>福利经济学<br>凯恩斯主义<br>瑞典学派<br>布莱尔的"第三条道路" | 重点：各学派的基本观点<br>难点：布莱尔的"第三条道路" |
| | 经济自由主义的社会保障思想 | 供给学派<br>德国社会市场经济理论<br>新自由主义理论 | 重点：经济自由主义各学派的基本观点<br>难点：与国家干预主义的社会保障理论的区别 |
| | 马克思主义社会保障理论及其中国化 | | 重点：马克思主义社会保障理论发展脉络<br>难点：十九大报告的基本思想 |

 案例分析

### 社会保障与国际金融危机

2009年年底受美国次贷危机的影响,希腊在欧洲首先爆发了主权债务危机,随后蔓延至葡萄牙、意大利、爱尔兰、西班牙等多个国家。欧债危机受到了世界各国的普遍关注,许多学者都将社会保障视为欧债危机发生的根本原因,认为是高福利影响了劳动参与率和劳动生产率的提高,进一步导致政府财力无法支持福利支出,迫使国家通过借债的形式来维持福利的支出。当这些国家借债的规模不断膨胀而无力偿还的时候,便产生了债务危机。

2008年国际金融危机爆发之后,在危机的第一个阶段(2008—2009年),欧洲福利国家普遍采取了经济刺激政策,并将社会保障作为重要的刺激领域,加大社会保护性投入。统计资料表明,约50个高收入国家共投入24 000亿美元刺激经济,其中约1/4的资金投放在社会保障领域。从2010年起的第二阶段,伴随着欧洲主权债务危机的爆发,欧洲国家的政府财政陷入困境,在这种情况下,欧盟整体采取经济紧缩措施,欧洲国家反过来用减赤字、稳财政的政策取代了先前的经济刺激政策,逐步缩小公共开支在GDP中的比例。在此背景下社会保障支出被削减,福利扩张政策被福利紧缩政策取代。

与发达国家在2010年起的金融危机第二阶段紧缩福利的做法相反,自金融危机爆发以来,不少中等收入国家,特别是新兴工业化国家,在社会保障领域里的发展趋势是福利扩张,以社会保障建设为契机促进全面发展。统计资料表明,2008年最后两个月,巴西丧失了69.5万个工作岗位,第4季度GDP骤减4.4%。为改变这种局面,巴西政府出台了内需拉动增长战略,推出了一揽子财政刺激方案,其中包含一系列社会政策,如为最贫困的人群提供救助,大幅度拓展此前为减贫扶贫而出台的"家庭补助计划",延长受危机冲击最严重的行业的失业保险领取期限等。此外,政府还两次提高最低收入水平,使20%的人口获得了基本生活保障。这些措施取得了显著成效,到2010年巴西经济增长了7.5%,基尼系数从2008年的0.54降至2012年的0.526。同时,不少低收入国家扩大临时性社会安全网,用于改善儿童等贫困群体的健康水平、营养状况和入学率,国际劳工组织相关报道披露孟加拉国、肯尼亚、马拉维、巴基斯坦等国家实施了面向特困家庭的有条件现金转移支付计划,帮助其改善健康营养和教育水平;莫桑比克制定了帮扶贫困家庭,特别是有老人和儿童的贫困家庭的现金转移支付计划;肯尼亚针对受艾滋病威胁的婴幼儿推出了相关现金转移支付项目;孟加拉国制定了以消除教育领域的性别差异为目标的女童中学援助项目;玻利维亚和肯尼亚制定了意在预防辍学的小学援助项目;卢旺达将医疗卫生服务覆盖面扩展到90%以上的国民,大幅度降低了母婴和儿童死亡率。

讨论:
1. 欧洲福利国家的建成是基于何种社会保障理论?
2. 你认为社会保障是导致欧债危机产生的原因的观点是基于何种社会保障理论?
3. 国际金融危机后,世界各国的社会保障发生了哪些变化?你认为这些变化对我国有哪些启示?

## 社会实践

**调研目的：**
了解四种社会保障制度的独特之处以及对我国社会保障制度的发展是否有可借鉴之处。

**调研内容：**
以3～4人的小组为单位，利用网络补充查询资料，完成如下调研：
（1）了解四个不同社会保障制度模式的优缺点。
（2）每个模式各选取一个国家，研究他们实施的现状及存在的问题。
（3）对比四个不同社会保障制度模式的异同，分析四种模式对我国社会保障制度的发展是否有可借鉴之处。

## 练习题

### 一、判断题

1. 社会保障模式没有共同性而言。（　　）
2. 社会保障是国家对每一位社会成员获得基本生存权利所提供的一种特殊保障，是对市场机制中"按劳分配"和"按生产要素分配"的必不可少的补充。（　　）
3. 社会保障制度是由各组织自己建立的，因而具有灵活性。（　　）
4. 在调节国民收入、促进公平分配的功能上，社会保险的作用最为显著。（　　）
5. 公平与效率相结合是指社会保障的项目设置、适用范围、支付标准等应与国家的经济发展水平和承受能力相适应。（　　）
6. 社会救助包括最低生活保障、特困人员救助、灾害救助、专项救助等内容。（　　）
7. 广义的社会福利是指向困难群体提供的带有福利性的社会支持，包括物质支持和服务支持。（　　）
8. 强制储蓄型模式强调自我负责，缺乏互济性。此模式是在国家立法规范下，采取强制手段扣除劳动者一部分工资，储存起来完全用于劳动者自己养老。（　　）
9. 福利经济学由英国著名经济学家凯恩斯创立。（　　）
10. 布莱尔的"第三条道路"是指在传统资本主义和改良资本主义之间的一条中间道路，它是介于市场自由主义和福利国家思想之间的一种政策要求。（　　）

### 二、选择题

1. 社会保障的特点包括（　　）。
　　A. 社会性　　　　B. 强制性　　　　C. 公平性　　　　D. 互济性
　　E. 福利性

2. 社会保障的功能包括（　　　）。
   A. 稳定社会、促进经济、公平分配
   B. 稳定社会、调节经济、公平分配
   C. 稳定社会、调节经济、全员分配
   D. 社会发展、调节经济、公平分配
3. 社会保障主要通过（　　　）手段来促进和实现社会公平分配。
   A. "调整再分配"和"水平再分配"
   B. "单一再分配"和"多样再分配"
   C. "垂直再分配"和"二次再分配"
   D. "垂直再分配"和"水平再分配"
4. 社会保障的原则包括（　　　）。
   A. 权利与义务相对应
   B. 公平与效率相结合
   C. 法制原则
   D. 与经济发展水平相适应
5. 社会保障体系通常包括（　　　）两大类。
   A. 基本社会保障制度与附加社会保障措施
   B. 完全社会保障制度与补充社会保障措施
   C. 基本社会保障制度与补充社会保障措施
   D. 内部社会保障制度与外部补充社会保障措施
6. 社会保障一般包括（　　　）三个基本组成部分。
   A. 社会保险、社会救助和社会福利
   B. 社会保险、社会救助和军人福利
   C. 社会保险、社会救助和员工福利
   D. 社会保险、年金和社会福利
7. 社会保障制度的模式包括（　　　）。
   A. 社会保险型模式
   B. 福利国家型模式
   C. 强制储蓄型模式
   D. 国家保险型模式
8. 国家干预主义的社会保障理论包括（　　　）。
   A. 德国新历史学派　B. 福利经济学　C. 凯恩斯主义　D. 瑞典学派
   E. 布莱尔的"第三条道路"
9. 经济自由主义的社会保障思想包括（　　　）。
   A. 供给学派
   B. 德国社会市场经济理论
   C. 新自由主义理论
   D. 瑞典学派
   E. 布莱尔的"第三条道路"
10. （　　　）提出，要坚持全覆盖、保基本、多层次、可持续方针，以增强公平性、适应流动性、保证可持续性为重点，全面建成覆盖城乡居民的社会保障体系，这为完善具有中国特色的社会保障体系提供了根本遵循。
    A. 党的十五大报告
    B. 党的十六大报告
    C. 十三中全会
    D. 党的十八大报告

### 三、简答题

1. 如何理解社会保障的概念？
2. 社会保障具有哪些特点？

3. 社会保障应遵循哪些原则?
4. 如何理解公平与效率相结合原则?
5. 社会保障的内容包括哪几个方面?
6. 你如何理解社会保障的体系结构下各部分之间的关系?
7. 简述社会保障制度的基本模式。
8. 全球有哪些主要的社会保障思想流派,它们的分类依据是什么?
9. 不同社会保障理论的代表人物、核心观点是什么?
10. 社会保障思想及其制度演变对我国社会保障制度有何借鉴意义?

## 延伸阅读

**《贝弗里奇报告:社会保险和相关服务》**,贝弗里奇著,社会保障研究所译,中国劳动社会保障出版社,2008

**内容简介:** 1941年,英国成立社会保险和相关服务部际协调委员会着手制订战后社会保障计划。经济学家贝弗里奇爵士受英国战后重建委员会主席阿瑟·格林伍德先生委托,出任调委会主席,负责对当时的国家社会保险方案及相关服务进行调查,并就战后重建社会保障计划进行构思设计,提出具体方案和建议。第二年,贝弗里奇提交了题为"社会保险和相关服务"的报告,这就是著名的"贝弗里奇报告"。该书是社会保障发展史上具有划时代意义的著作,它对英国、欧洲乃至整个世界的社会保障制度建设和发展进程产生了重要影响。

**《中国社会保障发展报告(2020)》**,王延中主编,社会科学文献出版社,2020

**内容简介:** 全书包括1个总报告、6个分报告、6个专题报告,分别涉及社会保障领域的重要项目和重点问题。该书全面总结了"十三五"时期我国社会保障的发展成效,阐述了新时代我国社会保障体系发展面临的形势与挑战,分析了社会保障领域存在的主要问题,提出了"十四五"时期社会保障改革与发展展望。

# 第二章 社会保障制度的产生与发展

**第二章导读**

### 学习目标

- ✧ 掌握现代社会保障制度各发展阶段的标志。
- ✧ 理解现代社会保障制度的产生与发展阶段的内容及意义。
- ✧ 了解各个社会保障制度的产生与发展阶段的发展背景。
- ✧ 掌握我国社会保障制度发展脉络。

### 知识结构图

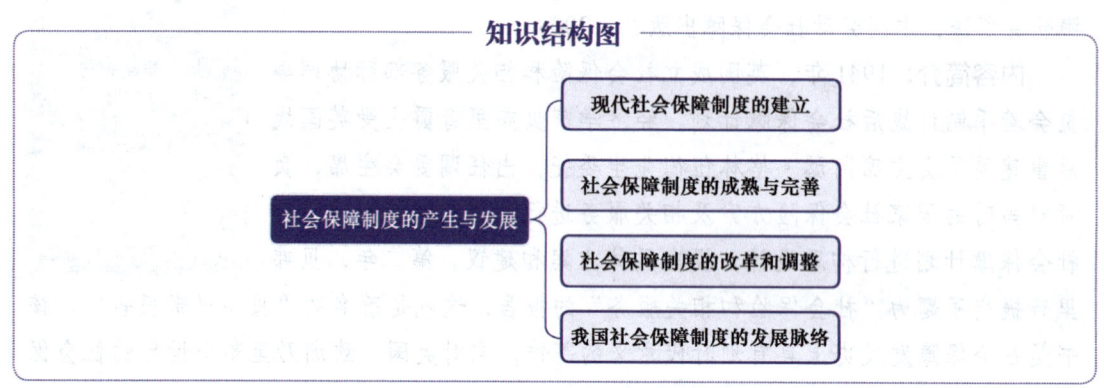

### 引导案例

**全球迈向综合社会保障制度的百年历程**

自20世纪初一些先驱国家实施早期社会保障制度以来,社会保障体系以惊人速度发展并取得了重大进展。在过去二三十年里,中低收入国家建立社会保障制度的重要性日益受到关注,开启了社会保障制度发展百年历史中的新篇章。目前,大多数国家都制定了全国性社会保障制度,涵盖所有或大多数社会保障领域,然而在某些情况下这些制度仅涵盖少数人口。由于大多数社会保障方案所涉及的政策领域都植根于各国立法,因此差异很大。根据国际劳工组织公布的社会保障报告(2017—2019年)的统计数据显示,该组织自建立至今,竭力推动了其成员国建立各层次社会保障体系,社会保障立法涵盖程度在全球各大洲均得以显著扩展,国际劳工组织成员国的社会保障立法涵盖程度取得了可喜的扩展,但在亚洲和非洲的部分地区,社保涵盖面仍旧存在巨大的差异。另外,各险种立法国家占比均有逐步提高的发展趋势,但历程各异。

思考:

社会保障经历了哪些主要阶段?我国社会保障制度的发展脉络又是怎么样的?

# 第一节　现代社会保障制度的建立

## 一、萌芽——济贫法

15世纪末至17世纪初英国的贫困问题，主要是起源于土地兼并、圈地运动以及宗教改革。土地兼并和圈地运动使大批人口失去土地和生活来源，不得不以流浪乞讨甚至偷窃抢劫作为谋生方式。英国政府在16世纪初认为乞讨和流浪汉是造成英国偷窃现象和治安的主要原因，因此必须给予严厉惩罚。但是严酷的管制收效甚微，社会陷入极不稳定状态，在教权衰落王权兴起的背景下，政府开始转向通过积极的立法措施介入济贫事务，并加强和发展世俗政权的力量，这标志着英国政府开始为解决社会贫困问题承担一定的责任。

1601年伊丽莎白一世在前人有关济贫规定的基础上颁布了《伊丽莎白济贫法》，也称旧"济贫法"，其主要内容包括：全国普遍设立收容贫民的贫民院；建立贫民救济院、贫民习艺所，对丧失劳动能力的穷人实行救济；征收济贫税；对无劳动能力的老弱病残者，通过院内收容和院外救助两种方式进行救助；对失去依靠的儿童，以孤儿院收养、家庭补助、家庭寄养等方式进行抚养等。

1601年英国《伊丽莎白济贫法》的颁布使社会保障开始逐步走上立法化的道路，标志着国家开始通过立法的形式来介入济贫事务。该法被学者们认为是现代社会保障制度的萌芽形式，是政府开始通过法律的形式将当时的社会保障活动固定下来，因而它是历史的一个进步，是第一次社会保障建立的象征，成为社会保障发展史上的里程碑。

1934年，英国政府又颁布了著名的《济贫法修正案》，又称新"济贫法"。新济贫法的主要原则是保障公民生存的义务，首次强调了需要救济是公民的一项权利，国家和社会对公民救济是其应尽的义务，是一项积极的福利举措。新"济贫法"是对旧"济贫法"的修正，二者使社会慈善救济转化为以国家为责任主体的政府救济，确立了国家承担社会保障责任的使命，第一次把社会救济以国家立法的形式确定下来，从而使社会救济成为一种制度，为欧洲其他工业化国家建立类似的社会保障制度提供了制度借鉴。

## 二、产生——社会保险法

欧洲国家在18世纪工业革命后，迈入工业社会，而工业社会带来的最大变化就是机械大生产逐步取代手工生产在经济发展中的主导地位，市场经济取代了自给自足式的小农经济。工业生产的社会化和规模化，促使越来越多的劳动者从乡村进入城镇工作与生活，并构成一个日益庞大的无产者的阶层。以往作为家庭或个人风险的年迈疾病、工伤失业等事件，逐渐演变为一种具有典型社会性的群体风险，因为每一个工业劳动者都存在失业的风险，只要发生这种风险，就意味着失去收入来源和生活保障，因而成为社会不稳定的因素。在这种情况下，仅靠以往的济贫措施与慈善事业已不可能解决根本问题。因此，欧洲各国执政者在继续按以往政策进行救助的同时，不得不考虑重新建立新的安全机制与保障机制。

1883年德国颁布《疾病保险法》。该法规定，疾病保险的对象是从事工业生产的工人，不包括农业从业人员。疾病保险费由工人承担2/3，雇主承担1/3，工人患病时医疗和药品均实行免费政策。1884年后又陆续出台了《老年和伤残保险法》等。1911年德国新增《孤儿寡妇保险法》。1923年和1927年，德国又先后制定了《德国矿工保险法》《职业介绍和失业保险法》，至此德国基本构成了完整的社会保险制度体系。

以1883年德国颁布《疾病保险法》为起点，一系列单项的社会保险法令的颁布，标志着世界上第一个完整的社会保险体系的建立，社会保险制度由此诞生，社会保障进入了国家立法阶段。德国力图通过国家直接干预和调整社会再分配，通过实行社会保障制度来消除社会问题，缓解社会矛盾，社会保险制度的产生成为现代社会保障制度产生的标志。

### 三、发展——社会保障法案

20世纪20年代，美国利用第一次世界大战后有利的发展条件，积极更新固定资产，扩大生产规模，大量采用先进技术和新工艺，使美国工业生产空前高涨，生产力普遍提高，对外贸易和投资跃居世界前列，经济上出现了罕见的稳定与繁荣。然而1929—1933年经济大危机，千百万老年人被迫提前退休，过早地失去职业和家庭生活的基本来源，特别是当银行纷纷倒闭时，他们多年辛苦积攒的存款被一扫而光，生活陷入绝境。而那些尚未破产的企业中，因老年保障计划很少具有法律效力，导致许多公司可以以缺乏足够的储备资金为由，轻率地终止给付退休金，甚至动用年金资金去支付债务。残酷的现实使人们开始认识到千百万人奔跑无着的状况，不是因为个人无能而是一种社会问题。人们观念的转变和由此形成的强大社会舆论，成为美国政府加快社会保障立法的压力和推动力。

1935年8月美国通过了社会保障法案，这个法案的颁布和实施是社会保障史上的分水岭。法案的主要内容可以概括为：提供老年保障、开办失业保险、建立社会救助等。尽管社会保障法案在出台之初有许多不足之处，如覆盖面较窄、保障水平不高等，但它在美国历史上仍然具有重大的意义。它形成了由国家财政支出济贫和由受益人交费的互助自保相结合的社会保障体系，从而奠定了美国当代社会保障体系的基本框架和基础，标志着现代社会保障制度由社会保险制度朝综合性、全面性社会保障制度发展迈出了一大步。

## 第二节 社会保障制度的成熟与完善

### 一、《贝弗里奇报告》产生的背景

20世纪中叶，西欧的现代社会保障制度已有了半个多世纪的发展历史，英国的国民保险制度也走过了 30 年的历程，其间积累了大量的经验和教训。第二次世界大战前，英国严重的社会问题为《贝弗里奇报告》的诞生提供了客观的社会条件。20 世纪 30 年代的经济危机给英国的经济、政治和人民生活带来了很大的冲击，当时不完善的社会保障制度无法应对经济危机和萧条所带来的挑战，在这种背景下，下层劳动者生活艰难，人民的怨声很大，社会矛盾加剧。另外，当时正在兴起的国家干预主义，为《贝弗里奇报告》提供了理论基础。第二次世界大战为英国造成了一个有利于福利制度发展的特殊社会环境，所有这一切都为《贝弗里奇报告》的诞生提供了有利的社会条件和政治契机。

### 二、《贝弗里奇报告》的主要内容

（1）提出英国战后社会重建的任务。贝弗里奇认为英国战后重建最主要的任务是战胜"五大巨兽"，即贫困、疾病、无知、肮脏和懒惰。

（2）对现有社会保障制度提出批评。贝弗里奇在报告里列出了当时社会保障制度存在的主要问题：①涵盖人群的范围太窄；②社会保障的内容不够完善；③保障标准太低；④管理混乱；⑤与其他社会事业不配套。

（3）提出建立新型社会保障体系的方案。新的社会保障体系由国民保险和国民救助两大部分组成。前者是体系的主体部分，后者居于次要地位。

国民保险的设计原则：①全面覆盖原则；②义务权利对等原则；③强制性原则；④同一标准原则；⑤基本生活保障原则；⑥统一的管理体制；⑦全面保障原则。在《贝弗里奇报告》中，国民救助的含义是指国家给那些暂时不能纳入国民保险体系中的人提供相应的基本保障，其功能是起到基本安全网的作用，以补充国民保险的不足。按照贝弗里奇的设想，虽然国民救助在最初是必要的，但其作用将随着国民保险的逐步完善而降低。

1948 年，英国在《贝弗里奇报告》的原则基础上，重新设计其社会保险制度。英国政府以实行充分就业和社会福利为纲，先后通过了一系列重要立法，主要有《家庭津贴法》（1945 年）、《国民保险法》（1946 年）、《国民健康服务法》（1946 年）、《工业伤害法》（1946 年）、《国民救济法》（1948 年）等。1948 年，英国首相艾德礼宣布英国第一个建成福利国家。所谓福利国家，按照英国工党在 1945 年竞选宣言中所表述的，就是使公民普遍地享有福利，实施包含社会保险制度、国民卫生保健服务、住房保障制度和国民救济制度在内的"从摇篮到坟墓"的全面保障的社会福利制度。

### 三、《贝弗里奇报告》的意义

《贝弗里奇报告》具有跨时代的意义，它确定了第二次世界大战后英国福利国家的基本框架。以该报告为基础，英国先后颁布了一系列社会保障法案，这些法案于 1948 年全部生效，标志着英国福利国家制度正式形成。在此影响下，西欧、北欧、北美洲和大洋洲的发达国家和地区，先后宣布实行普遍福利的政策，并宣布建成了福利国家，社会保障进入了完善阶段。

## 第三节 社会保障制度的改革和调整

### 一、社会保障制度改革和调整的背景

从1973年开始,西方发达国家的宏观经济形势发生了变化,主要体现在:①经济增长速度呈逐年下降趋势;②通货膨胀严重;③失业率上升;④老年人口比重上升。20世纪70年代末80年代初,社会保障的这种危机蔓延到全球所有的市场经济国家。

---

**国际视野 2-1**

**瑞典、法国养老模式**

**瑞典:** 21世纪初,瑞典每年用于社会福利、社会保障和社会服务的总开支占到了GDP总量的35%左右。为了改变这一状况,瑞典实行了养老金名义账户制度。在这一制度下,民众领取多少养老金取决于缴费累积数额及其投资收益,参保者当期缴费与其退休后能领取的养老金数额具有强关联性。这样可以促使缴费者把缴纳养老保险作为一种储蓄方式,减少提前退休行为;在名义账户制度下,政府利用收入指数、管理费用、平衡比率、平衡指数、年金除数等精算要素,提高了名义资金积累和待遇发放等各个环节的精准性,为实现财务平衡发挥了重要作用,使养老保险制度具有较强的财务稳定性。在瑞典,所有具有相同养老服务需求的民众,无论其收入水平或购买力如何,都可以享受平等的养老服务。瑞典政府优先支持居家养老。居家养老得以实现的根本是"医养一体化"服务的便利性和高质量。政府为居家养老者提供了一系列便利措施,设立功能齐全的家政服务系统。除此之外,还有"集体之家"可供选择。"集体之家"主要面向认知受损的老年人,每个"集体之家"通常安排6位左右的老年人居住,每位老年人可拥有独立房间,可使用公共集体区域。

**法国:** 法国是世界上首个步入老龄化社会的国家,近年来,法国老龄化程度更加严重。2019年年底,法国老年人口比例为20.5%。据预测,法国老年人口将在2050年达2230万,约为总人口的1/3。为应对老龄化社会不断加速的压力,法国政府积极推动发展多样化的养老服务,逐步形成以居家为主、机构为辅的养老服务体系。约90%的法国老年人选择居家养老模式,75万人享受家庭陪护服务,居家养老服务除了涵盖传统的日常看护、送餐等,还逐步增加了社区健康网络、社会福利与医护机构共同提供的服务;养老机构快速发展,已超过1.3万家,床位逾70万张,75岁以上老人平均每千人拥有127个以上床位。此外,法国的养老服务券制度发展成熟、运转良好,较好地促进了养老服务产业的发展,

是其养老服务运营中的一大亮点。养老券通常由经过全国家庭服务署认证的实力较强的公司发行，是消费券的一种，企业或个人均可自由购买。企业购买养老券后，作为企业福利的一种形式，可将其以较低折扣出售或发放给员工，员工及其家人均可使用。同时，智慧养老也成为法国养老服务发展的重要趋势，其产品和服务在欧洲一直处于领先地位。通过与最新科技应用以及人工智能相关联，养老服务得到新的拓展，包括预防摔跤、住宅自动化、老人定位系统、机器人自动化、全方位监控生命体征等。

### 二、社会保障制度改革和调整的内容

20世纪70年代后，全球社会保障向两个不同的方向发展。

（1）高收入国家开始了"做减法"的改革，即开源节流的改革，通过扩大税基，提高税率，增加制度性收入，同时通过减少社保项目、降低保障水平等手段来控制社会保障制度的开支，甚至是通过私有化改革减少政府的责任。改革的举措包括：

1）强调"工作福利"计划替代过去的"消极福利"政策。"工作福利"的基本含义是通过工作来享受。社会福利是一系列促进就业的落实计划、政策和福利津贴项目的统称，而过去单纯的失业福利被认为是"消极福利"，不产生任何经济收益，只造成沉重的国家财政负担。

2）实施灵活安全的就业保障政策，激发劳动者的积极性。在西方国家中，荷兰的就业政策改革比较成功，其关于增强"灵活安全性"的改革，将就业合同的灵活性与充分的社会保障结合起来，在确保劳动者就业的同时，提供相应的社会保障，形成一举多得的效果。

3）改革退休政策、削减福利项目、减少福利开支、提高交费比例。

4）引入市场化机制，分担政府责任。

（2）一些国家或地区由于经济的增长，投入更多财力建设社会保障制度，如中国、韩国都在增加社会保障制度的投入，扩大覆盖面，提高保障水平。

### 三、社会保障制度改革和调整的意义

2008年全球爆发金融危机影响深远，造成各国经济下滑，劳动报酬下降，失业加剧。为了应对危机，除了少数几个国家由于特殊情况不得不缩小覆盖范围和降低保障水平以外，世界上绝大多数国家都提高了社会保障项目的覆盖范围和保障水平，以此来应对金融危机。

## 第四节 我国社会保障制度的发展脉络

新中国成立以来，我国的社会保障制度走过了一条曲折发展之路，大致经历了计划经济体制下的制度初步建立阶段、"文革"期间的停滞与倒退时期、改革开放后市场经济体制下制度重建、制度改革与完善等阶段。

## 一、社会保障制度的建立阶段（1949—1965年）

### （一）城镇企业职工的劳动保险制度的建立

1951年2月26日，政务院颁布了《中华人民共和国劳动保险条例》，该条例是新中国成立以来正式颁布的第一部劳动保险立法，后于1953年和1956年两次修订拓宽了劳动保险覆盖的范围，对待遇标准也进行了较宽泛的调整，初步形成了适用于我国城镇企业职工的劳动保险制度。

### （二）机关事业单位工作人员社会保障制度的建立

新中国成立之初，机关事业单位工作人员社会保险与企业职工社会保险是分开实施的，各自单独制定政策，单独管理。1955年12月29日，国务院发布《关于颁布国家机关工作人员退职、退休、病假期间待遇等暂行办法和计算工作年限暂行规定的命令》等四部法律文件，明确了国家机关工作人员退休、退职、病假及工作年限等问题的基本制度规范。据此，机关事业单位工作人员社会保险制度正式建立起来。

### （三）城镇社会救济与社会福利制度的建立

新中国成立之初，城市社会救济的主要任务是医治战争创伤，安定人民生活，稳定社会秩序，其救济对象主要包括贫民、失业者、无业者以及孤老残幼。到20世纪50年代中期，原有的社会救济对象中大部分人的基本生活问题得到解决，救济对象变为孤老残幼，社会救济分为定量、定期救济和临时救济两种，救济水平很低。新中国成立后建立的社会福利制度，其实施范围主要包括老年人、儿童、残疾人等特殊困难人群，国家建立了儿童福利院、社会福利院、养老院等社会福利设施。

### （四）优抚制度的建立

新中国成立初期颁布了一系列优抚优待的法规，如1950年颁布了《革命军人牺牲病故褒恤暂行条例》《民兵民工伤亡抚恤暂行条例》《革命残废军人优待抚恤暂行条例》等，建立了以军人及其家属为对象的优抚制度。

### （五）农村社会保障的建立

#### 1. "五保供养"制度

《1956年到1967年全国农业发展纲要》明确指出："农业合作社对于社内缺乏劳动力、生活没有依靠的鳏寡孤独的社员，应当统一统筹……在生活上给以适当照顾，做到保吃、保穿、保烧（燃料）、保教（儿童和少年）、保葬。"以此建立了具有中国特色农村"五保供养"制度的雏形，并逐步形成了集中供养和分散供养相结合的五保供养模式。享受这种照顾的人被称为"五保户"，有关这方面的政策也被称为五保政策。

### 2. 社会救济

农业生产合作化以后,随着农村集体经济的产生和发展,我国农村社会救济工作逐步走上了一条坚持依靠集体,开展社会互助互济和扶持生产自救,辅之以国家必要救济的新路子。1958年后,农村人民公社时期国家曾多次规定:对生活发生困难的社员,经社员集体讨论和同意给予补助。享受补助的贫困户主要是全年收入不能维持基本生活的农户,而对那些集体经济比较薄弱的、集体无力补助的贫困户,则由国家给予适当救济。

### 3. 合作医疗制度

我国的农村合作医疗制度是农民群众依靠集体力量在自愿和互助互济的原则下建立起来的一种具有社会保险性质的医疗制度。它的基本特点是:农民个人和农村集体经济在一定范围内共同筹集合作医疗基金,参加合作医疗的农民患病时所需要的医疗费用由合作医疗基金组织和个人按一定比例共同负担。1966年湖北长阳县乐园公社杜家村卫生室,首创农村合作医疗保险,从此我国开始了农村合作医疗保险制度的探索和改革。

## 二、社会保障制度的停滞时期(1966—1978年)

"文革"期间,我国社会保障事业发展受到了严重的冲击,社会保障制度发展陷入了停滞,甚至出现了倒退。

## 三、社会保障制度的恢复与重建阶段(1978—1985年)

1978年,党的十一届三中全会之后,我国进入社会主义发展的新阶段。

1978—1985年,社会保障制度得到恢复和发展,各项社会保障工作陆续开展。1978年,国家重设民政部门,恢复其职能。同年6月,国务院发布《关于安置老弱病残干部的暂行办法》和《关于工人退休、退职的暂行办法》,这两个办法标志着我国开始进入社会保障制度的恢复与重建时期。

1984年3月,中国残疾人福利基金在北京成立,筹集、管理和使用残疾人福利基金,推动残疾人福利事业的发展。

1984年9月,中共中央、国务院发出《关于帮助贫困地区尽快改变面貌的通知》,将扶贫工作列入国家的最高议事日程。

## 四、社会保障制度的改革时期(1986年至今)

1986年,国家对劳动合同制工人退休养老实行社会统筹制度,拉开了社会保障制度改革的序幕。

1993年,中国共产党十四届三中全会明确阐述了建立多层次的社会保障体系的社会保障制度改革目标。之后在全国范围内开始进行医疗保险制度改革试点。1998年以来,我国建立了下岗职工基本生活保障、失业保障、城镇居民最低生活保障这三条保障线制度。

党的十六大以来，中共中央提出构建社会主义和谐社会的目标，加快建立覆盖城乡居民的社会保障体系。社会保障开始进入城乡统筹发展和制度创新完善的新阶段，国家进一步明确了社会保障制度改革的目标、原则，逐步建立起了以社会保险为主体，包括社会救济、社会福利、优抚安置、住房保障以及慈善事业在内的社会保障制度框架。

2003年，新型农村合作医疗制度在全国部分县（市）试点。

2006年，国务院颁布《关于解决农民工问题的若干意见》，提出积极、稳妥地解决农民工社会保障问题。

2007年，国家开始在全国农村建立最低生活保障制度。

2009年，中央出台了深化医药卫生体制改革的意见，确立基本医疗卫生制度回归公益性、基本公共卫生服务均等化，并逐步实现人人享有基本医疗卫生服务的目标，体现了我国医疗卫生事业发展从理念到体制的重大改革。

党的十八大报告提出了经济建设、政治建设、文化建设、社会建设、生态文明建设"五位一体"的发展战略。党的十八届三中全会通过了《中共中央关于全面深化改革若干重大问题的决定》。在这一背景下，我国在学有所教、老有所得、病有所医、老有所养、住有所居的目标上持续取得新进展，城乡社会保障体系建设全面上了一个新台阶。

党的十九大报告确立了以人民为中心的发展思想，使社会保障体系建设的追求目标更加清晰；完整地阐明了我国要建立的是一个什么样的社保体系，更加务实，更具针对性；提出城乡统筹、权责清晰，面对现行制度存在城乡分割且不公平的现实和政府、企业、社会和个人等各方主体权责边界不清且影响制度发展的现实，提出只有城乡统筹才能有力地促进社会公平与人员流动，只有做到权责清晰才能为各方主体提供稳定安全的预期。

## 国内热点2-1

**中共中央、国务院关于优化生育政策促进人口长期均衡发展的决定（节选）**

人口发展是关系中华民族发展的大事情。为贯彻落实党的十九大和十九届二中、三中、四中、五中全会精神，促进人口长期均衡发展，现就优化生育政策，实施一对夫妻可以生育三个子女政策，并取消社会抚养费等制约措施、清理和废止相关处罚规定，配套实施积极生育支持措施（以下简称实施三孩生育政策及配套支持措施），做出如下决定：

党和国家始终坚持人口与发展综合决策，科学把握人口发展规律，坚持计划生育基本国策，有力促进了经济发展和社会进步，为全面建成小康社会奠定了坚实基础。党的十八大以来，党中央高度重视人口问题，根据我国人口发展变化形势，做出逐步调整完善生育政策、促进人口长期均衡发展的重大决策，各项工作取得显著成效。当前，进一步适应人口形势新变化和推动高质量发展新要求，实施三孩生育政策及配套支持措施，具有重大意义。

（1）有利于改善人口结构，落实积极应对人口老龄化国家战略。老龄化是全球性人口发展大趋势，也是我国发展面临的重大挑战。预计"十四五"期间我国人口将进入中度老龄化阶段，2035年前后进入重度老龄化阶段，将对经济运行全领域、社会建设各环节、社会文化多方面产生深远影响。实施三孩生育政策及配套支持措施，有利于释放生育潜能，减缓人口老龄化进程，促进代际和谐，增强社会整体活力。

（2）有利于保持人力资源禀赋优势，应对世界百年未有之大变局。人口是社会发展的主体，也是影响经济可持续发展的关键变量。实施三孩生育政策及配套支持措施，有利于未来保持适度人口总量和劳动力规模，更好发挥人口因素的基础性、全局性、战略性作用，为高质量发展提供有效人力资本支撑和内需支撑。

（3）有利于平缓总和生育率下降趋势，推动实现适度生育水平。群众生育观念已总体转向少生优育，经济负担、子女照料、女性对职业发展的担忧等成为制约生育的主要因素。实施三孩生育政策及配套支持措施，促进生育政策与相关经济社会政策同向发力，有利于满足更多家庭的生育意愿，有利于提振生育水平。

（4）有利于巩固全面建成小康社会成果，促进人与自然和谐共生。今后一个时期，我国人口众多的基本国情不会改变，人口与资源环境承载力仍然处于紧平衡状态，脱贫地区以及一些生态脆弱、资源匮乏地区人口与发展矛盾仍然比较突出。实施三孩生育政策及配套支持措施，有利于进一步巩固脱贫攻坚和全面建成小康社会成果，引导人口区域合理分布，促进人口与经济、社会、资源、环境协调可持续发展。

## 国内热点2-2

### "十四五"就业促进规划

国务院2021年8月27日印发的《"十四五"就业促进规划》首次明确，到2025年，城镇新增就业5500万人以上。规划要求，"十四五"期间，强化就业优先导向的宏观调控。健全就业目标责任考核机制，建立更加充分更高质量的就业考核评价体系。带动更多劳动者依托平台就业创业，实施灵活就业人员和新就业形态劳动者支持保障计划。广泛开展新业态新商业模式从业人员技能培训，确保"十四五"期间开展补贴性职业技能培训7500万人次左右。强化城镇青年就业帮扶，为城镇困难失业青年提供就业援助。推动在城镇稳定就业生活、具有落户意愿的农业转移人口便捷落户。将生育友好作为用人单位承担社会责任的重要方面，鼓励用人单位依法协商确定有利于照顾婴幼儿的灵活休假和弹性工作方式。

规划共10部分、28条，总体上体现了"四个注重"：①注重缓解结构性就业矛盾。在深入研判"十四五"时期就业形势的基础上，提出结构性就业矛盾将成为我国就业领域的主要矛盾，并把技术技能人才培养培训放在了更加突出的位置，强化人才培养的就业导向，大规模多层次开展职业技能培训，着力改善劳动力要素质量。②注重政策的协同发力。把保障就业放在宏观政策优先位置，将稳定和扩大就业作为宏观调控的优先目标和经济运行合理区间的下限，加强各方面宏观政策支持就业的导向，实现与就业政策的协同联动。③注重社会大众关心的重点领域。围绕优化就业创业环境、稳定重点群体就业、提高劳动报酬、改善就业服务、保障劳动权益等社会大众普遍关心的重点领域提出了具体可行的政策举措。④注重解决长期性趋势性问题。聚焦人口老龄化、人工智能技术应用等对未来一个时期劳动力供需产生较大影响的长期性、趋势性问题。在强化大龄劳动者就业帮扶，加强人工智能对就业影响的跟踪研判和协同应对等方面提出了一系列有针对性甚至是突破性的措施。

## 本章小结

| 章节知识结构 | | 学习的重点与难点 |
|---|---|---|
| 现代社会保障制度的建立 | 济贫法<br>社会保险法<br>社会保障法案 | 重点：济贫法的内容<br>难点：济贫法的意义 |
| 社会保障制度的成熟与完善 | 《贝弗里奇报告》产生的背景<br>《贝弗里奇报告》的主要内容<br>《贝弗里奇报告》的意义 | 重点：《贝弗里奇报告》的主要内容<br>难点：《贝弗里奇报告》的意义 |
| 社会保障制度的改革和调整 | 社会保障制度改革和调整的背景<br>社会保障制度改革和调整的内容<br>社会保障制度改革和调整的意义 | 重点：社会保障制度改革和调整的内容<br>难点：社会保障制度改革和调整的意义 |
| 我国社会保障制度的发展脉络 | 社会保障制度的建立阶段<br>社会保障制度的停滞时期<br>社会保障制度的恢复与重建阶段<br>社会保障制度的改革时期 | 重点：社会保障制度的恢复与重建阶段<br>难点：十九大报告中社会保障制度改革思路 |

### 案例分析

**我国人口老龄化现状与趋势**

20世纪90年代以来，我国的老龄化进程加快。65岁及以上老年人口从1990年的6299万增加到2000年的8811万，占总人口的比例由5.57%上升为6.96%。第七次全国人口普查主要数据显示，我国60岁以上的人口已达到2.6亿，60岁以上人口所占总人口的比重达到了18.7%。目前我国已经进入老龄化社会，性别间的死亡差异使女性老年人成为老年人口中的绝大多数。预计到2040年，65岁及以上老年人口占总人口的比例将超过20%。同时，老年人口高龄化趋势日益明显：80岁及以上高龄老人正以每年5%的速度增加，到2040年将增加到7400多万人。迅速发展的人口老龄化趋势，与人口生育率和出生率下降，以及死亡率下降、预期寿命提高密切相关。目前，我国的生育率已经降到更替水平以下，人口预期寿命和死亡率也接近发达国家水平。随着20世纪中期出生高峰的人口陆续进入老年，可以预见，21世纪前期将是我国人口老龄化发展最快的时期。

我国政府高度重视和解决人口老龄化问题，积极发展老龄事业，初步形成了政府主导、社会参与、全民关怀的发展老龄事业的工作格局。国家成立了全国老龄工作委员会，确定了老龄工作的目标、任务和基本政策；颁布了《中华人民共和国老年人权益保障法》，制定了《中国老龄事业发展"十五"计划纲要》，把老龄事业明确纳入了经济社会发展的总体规划和可持续发展战略。老年人的基本生活得到了保障。城市初步建立了养老保险制度和包括老年人在内的医疗保险制度，以及居民最低生活保障制度；农村实行以土地保障为基础的"家庭养老为主与社会扶持相结合"的养老保障制度。许多地方还对救助贫困老年人和高龄老年人采取了特殊的措施。老年服务事业发展迅速。我国政府还修订了《老年人建筑设计规范》《城市道路和建筑物障碍设计规范》等相关条例，方便老年人的居住与出行。社区卫生站、托老所、老年活动中心、老年学校、老年休闲广场等老年服务设施逐渐增加，服务老年人的志愿者队伍不断壮大。

讨论：
1. 人口老龄化对社会保障意味着什么？人口老龄化对社会保障制度有哪些影响？
2. 随着三孩生育政策及配套支持措施的出台，你认为这些政策会对我国养老制度有哪些影响？

## 社会实践

调研目的：
了解世界部分国家社会保障发展现状。

调研内容：
以3～4人的小组为单位，每组除我国外各选择两个国家，完成以下调研：
（1）通过访问国际劳工组织等国际组织和我国人社部等行政机关网站，查阅国际劳工组织发布的社会保障最新报告和我国最近年度的人力资源和社会保障事业发展统计公报。
（2）了解我国及世界部分国家社会保障发展现状。
（3）比较我国与其他国家在社会保障制度方面的不同。

## 练习题

一、判断题

1. 社会保障制度产生的标志是《伊丽莎白济贫法》的颁布。（　　）
2. 以1893年德国颁布《疾病保险法》为起点，一系列单项的社会保险法令的颁布，标志着世界上第一个完整的社会保险体系的建立，社会保险制度由此诞生，社会保障进入了

国家立法阶段。社会保险制度的产生成为现代社会保障制度产生的标志。　　（　　）

3. 1935年8月美国通过了社会保障法案，这个法案的颁布实施是社会保障史上的分水岭。从而奠定了美国当代社会保障体系的基本框架和基础，标志着现代社会保障制度由社会保险制度朝综合性、全面性社会保障制度发展迈出了一大步。　　　　　　　　　　（　　）

4. 第二次世界大战前，美国严重的社会问题为《贝弗里奇报告》的诞生提供了客观的社会条件。　　　　　　　　　　　　　　　　　　　　　　　　　　　　　　（　　）

5. 《贝弗里奇报告》具有跨时代的意义，它确定了第二次世界大战后美国福利国家的基本框架。　　　　　　　　　　　　　　　　　　　　　　　　　　　　　　（　　）

6. 20世纪70年代末、80年代初社会保障面临经济增长速度下降、通货膨胀严重、失业率上升、老年人口比重上升诸多问题。这些问题蔓延到全球所有的市场经济国家。　　　　　　　　　　　　　　　　　　　　　　　　　　　　　　　　（　　）

7. 在西方国家中，智利的就业政策改革比较成功，其关于增强"灵活安全性"的改革，将就业合同的灵活性与充分的社会保障结合起来，在确保劳动者就业的同时，提供相应的社会保障，形成一举多得的效果。　　　　　　　　　　　　　　　　　　（　　）

8. 2012年全球爆发金融危机影响深远，金融危机造成各国经济下滑，劳动报酬下降，失业加剧。　　　　　　　　　　　　　　　　　　　　　　　　　　　　　　（　　）

9. 新中国成立初期颁布了一系列优抚优待的法规，如1950年颁布了《革命军人牺牲病故褒恤暂行条例》《民兵民工伤亡抚恤暂行条例》《革命残废军人优待抚恤暂行条例》等，建立了以军人及其家属为对象的优抚制度。　　　　　　　　　　　　　　　（　　）

10. 党的十九大确立了以人民为中心的发展思想，使社会保障体系建设的追求目标更加清晰。　　　　　　　　　　　　　　　　　　　　　　　　　　　　　　　（　　）

二、选择题

1. 社会保障制度最早诞生于（　　）。
   A. 英国　　　　　B. 美国　　　　　C. 德国　　　　　D. 荷兰

2. 社会保障制度的产生有（　　）。
   A. 济贫法、社会保险法、社会保障法案
   B. 疾病保险法、社会保险法、社会保障法案
   C. 济贫法、工伤事故保险法、社会保障法案
   D. 济贫法、社会保险法、贝弗里奇报告

3. 《贝弗里奇报告》的主要内容包括（　　）。
   A. 提出英国战后社会重建的任务
   B. 对现有社会保障制度提出批评
   C. 提出建立新型社会保障体系的方案
   D. 提出未来新型国家保障体系的改进方案

4. 社会保障制度的改革和调整的内容包括（　　　）。
   A. 高收入国家和一些国家或地区由于经济的增长，投入更多财力建设社会保障制度
   B. 高收入国家和一些国家或地区做减法的改革
   C. 高收入国家开始了做减法的改革；一些国家或地区由于经济的增长，投入更多财力建设社会保障制度
   D. 高收入国家开始了做减法的改革；一些国家或地区由于经济的增长，投入更多财力建设社会经济制度
5. 我国的社会保障制度大致经历了（　　　）。
   A. 起步阶段
   B. 计划经济体制下的制度初步建立阶段
   C. "文革"期间的停滞与倒退时期
   D. 制度改革与完善等阶段
6. "五保供养"制度中，五保指的是（　　　）。
   A. 保吃、保喝、保烧（燃料）、保教（儿童和少年）、保葬
   B. 保吃、保住、保烧（燃料）、保教（儿童和少年）、保葬
   C. 保吃、保穿、保烧（燃料）、保教（儿童和少年）、保葬
   D. 保吃、保穿、保烧（燃料）、保教（儿童和少年）、保养
7. 1978年，国家重设民政部门，恢复其职能，国务院发布（　　　）两个办法标志着我国开始进入社会保障制度的恢复与重建时期。
   A. 《关于安置老弱病残干部的暂行办法》
   B. 《中华人民共和国劳动保险条例》
   C. 《关于工人退休、退职的暂行办法》
   D. 《关于整顿和加强劳动保险工作的通知》
8. 党的十八大报告提出了（　　　）"五位一体"的发展战略。
   A. 经济建设、保障建设、文化建设、社会建设、生态文明建设
   B. 经济建设、政治建设、文化建设、发展教育、生态文明建设
   C. 经济建设、政治建设、文化建设、社会建设、绿化建设
   D. 经济建设、政治建设、文化建设、社会建设、生态文明建设

### 三、简答题

1. 人类社会保障发展史上有哪些里程碑式的事件？
2. 简述《济贫法》出台的背景、内容及意义。
3. 简述《社会保障法案》出台的背景、内容及意义。
4. 简述《贝弗里奇报告》出台的背景、主要内容。
5. 你认为《贝弗里奇报告》出台有什么特别的意义？

6. 全球社会保障制度改革和调整的原因是什么?
7. 全球社会保障制度改革和调整的内容有哪些?
8. 我国社会保障制度的发展经历了哪几个阶段?
9. 我国社会保障制度在建立阶段建立了哪些相关制度?
10. 你如何理解十九大报告中社会保障的核心理念?

## 延伸阅读

《西方国家社会保障制度史》,丁建定著,高等教育出版社,2010

**内容简介:** 这是一部关于西方国家社会保障制度发展进程的研究著作。作者将西方国家社会通过对五个发展阶段脉络的梳理,系统阐述了西方国家社会保障制度产生、发展与改革的历史进程,社会保障制度从西欧国家扩展到其他西方国家的基本过程等内容。同时,该书还结合中国社会保障制度发展的现实,讨论了西方国家社会保障制度发展的经验与教训及其对中国的启示,具有很强的现实针对性。

《当世界又老又穷:全球老龄化大冲击》,泰德·菲什曼著,黄煜文译,生活·读书·新知三联书店,2017

**内容简介:** 作者走访美国、日本、西班牙与中国的多个城市,采访了上百名企业员工、雇主、经济学家、政府官员、医疗专业人员、普通家庭成员,通过一个个生动而翔实的故事,呈现出世界范围内老龄化社会的面貌与未来,涉及的话题包括工资收入、社会保障、医疗、住房、隔代养育、啃老等。作者揭示出全球老龄化令人震惊而彼此连锁的影响,也解释了国家前景、文化与人际关系、代际关系因老龄化而发生的变化,勾勒出与我们每一个人息息相关的未来图景。

# 第三章 社会保障法与管理

第三章导读

### 学习目标

- 理解社会保障法的定义和特征。
- 掌握社会保障法的内容和体系。
- 理解社会保障管理的含义及内容。
- 掌握社会保障管理的主体、原则和机构。
- 了解社会保障行政管理、基金管理的基本内容和特点。

### 知识结构图

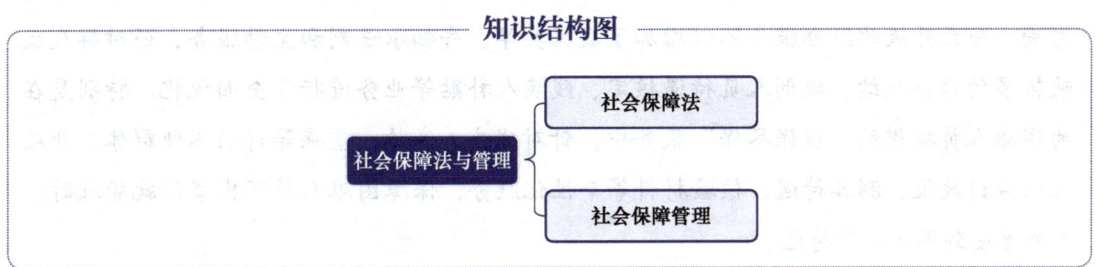

### 引导案例

**北京市社会保险制度全险种市级管理实现全面统一**

北京市人力资源和社会保障局发布消息,自2021年1月1日起,北京市城乡居民基本养老保险基金实施市级统筹管理。自此,北京市社会保险制度全险种市级管理实现全面统一。作为"十三五"的收官之作,城乡居民基本养老保险基金实施市级统筹管理,基金实现全市统收统支。市区两级管理职责更加明晰,基金安全性和管理效率进一步提升,切实保障了制度的可持续和良性发展。

此外,为了贯彻落实"局处长走流程"的便民主旨,2020年12月,北京市人力资源社会保障局发布了《北京市城乡居民基本养老保险经办规程(试行)》,全新升级城乡居民基本养老保险经办服务,北京市城乡居民养老保险在全市范围内实现了"三个通办"。

(1) 全市通办。实现对参保登记、个人信息变更、待遇申领与发放等业务具体经办的全市统一。参保人在就近乡镇(街道)政务中心即可办理,无须再到户籍所在地;统一待遇发放时间,城乡居民养老待遇、福利养老金由原来每月15日和20日分别发放,统一为每月15日发放到位;增加了发放频次,注销登记和转出的一次性待遇支付由原来的次月发放改为当月发放；发放待遇的银行范围从原来的3家增至16家，基本覆盖了现有银行机构，老百姓可就近选择相应网点。

（2）全网通办。实现"线下+网厅+手机App"的全途径、全网通办。除了线下办理网点，人力社保部门全新拓宽线上办理渠道，老百姓可通过市人力资源社会保障局网上服务大厅或者"北京人社"App办理相关业务。相应的办理进度及结果，老百姓不仅能自己随心查，社保中心也将对参保登记、个人信息变更等业务，主动在网上展示相应办理进度。同时，通过减材料、减时限、减环节的"三减"，大大缩减手续材料，老百姓仅需提供有效身份证件即可办理；其中数据共享的部分业务能够实时信息比对并办结，增效减负尤为显著。

（3）全月通办。业务申报日期放宽至全月，实现业务申报日期不受工作日影响，全月均可办理。

据了解，本次居民养老保险经办服务的全新升级，主要体现为经办方式和渠道的拓宽，老百姓办事更加便捷。居民养老保险待遇原有的领取资格、发放标准、涉及范围等不受影响。全面升级的经办服务不仅增加了数据共享、告知承诺制和主动服务，还对群众反映较多的转移接续、服刑人员待遇核定、残疾人补贴等业务进行了全面优化。特别是在为困难人员提供的"应保尽保"服务中，针对残疾、高龄、重病等行动不便群体，开展上门宣讲政策、测算待遇、核验材料等个性化服务，保障困难人员不出家门就能及时、足额享受到养老保险待遇。

思考：

《北京市城乡居民基本养老保险经办规程（试行）》属于哪种法规？社会保障法包括哪几部分内容？

## 第一节　社会保障法

### 一、社会保障法的定义

一般来讲，社会保障法属于社会法的范畴，其是调整一个国家或地区社会保障关系的系列法律规范的总和。具体而言，社会保障法是调整国家或政府、企业或集体和社会成员在社会保障活动中所发生的各种社会经济关系的法律规范。它包括国家立法机关制定的社会保障法律和国家行政机关以及地方政府等颁布的社会保障法规、命令和条例等。社会保障法不仅是社会保障制度运行的客观依据和行为准则，也是维持社会保障制度稳定运行的重要保证。

## 二、社会保障法的特征

### （一）普遍社会性

社会法一般是指国家为解决社会问题而制定的、具有普遍社会意义的、以社会利益为本位的法律规范的总称。社会保障法归属于社会法，其具有普遍社会性，主要表现在：①目的社会性。社会保障法是以社会公共利益为本位的立法，其立法的目的就在于通过保障全体社会成员的基本生活安全来维护社会的安全与稳定，促进社会健康发展。②享受权利主体的普遍性。社会保障权由全体社会成员享有，任何一个成员当生存权受到威胁时，都享有获得社会物质帮助的权利。而且随着经济的发展，不仅社会保障的范围会逐步扩大，社会成员可以享受的社会保障项目也会越来越多。③责任和义务的社会性。社会保障法规定，社会保障采取国家、用人单位和社会成员共同负担的原则，将责任和义务分散到整个社会，以资金来源的多渠道来保证社会保障的正常运转。

### （二）强制规范性为主，任意规范为辅

社会保障法是社会保障制度稳定运行的重要保证。对于涉及社会成员基本保障权益的项目，国家通过立法规定，明确国家或政府、企业或集体和社会成员在社会保障活动中享有的权利以及履行的义务，并由国家强制各方社会成员执行。社会保障项目的设置、资金的筹集、覆盖的人群范围、保障待遇的标准和给付条件、基金管理等几乎所有的内容都明确规定强制执行。社会成员各方必须严格遵守，不能随意更改。对于违反规定的成员方，要相应地承担法律责任。另外，对于临时性、突发性事件中的社会保障方式，除了上述强制性的法律规定外，一些任意性的规定，如救灾救济、扶贫捐赠等，社会成员方可根据自身实际经济状况，自愿选择，法律不强制执行。

### （三）实体法与程序法相统一

法律按其所规定的内容不同，可以分为实体法和程序法。实体法是规定具体权利和义务的法律，程序法是规定权利和义务实施的程序和方式的法律。社会保障法是实体法与程序法的统一体，社会保障制度的建立需要实体法，而社会保障制度的运行需要程序法。两者相互依存、相辅相成，共同推动社会保障制度的完善。

### （四）立法技术性

为保证社会保障的立法的科学合理性，一方面需要考虑保障社会成员的广泛性以及成员的差异性，另一方面又要考虑与当前经济发展相协调。因此，其立法技术要求较高。社会保障法的制定和运行以数理计算为基础。其中，最典型的是"大多数法则"和"平均数法则"。例如，一些保障项目在费率计算、范围确定等环节需要运用统计学、经济学、精算学中的一些专门知识和理论。数理计算的应用以养老保险为例，其在立法中往往涉及退休后平均存活年数的确定、养老基金社会统筹范围的确定、养老保险费率的确定等种种问题。

## 国际视野 3-1

**瑞典的养老体系简析**

20世纪20年代,作为最早进入老龄化社会的国家之一,瑞典尝试构建"老年之家",形成了一个普遍性、专业化、养老金动态平衡的养老服务体系。

**1. 权利与义务法制化,管理层次化**

瑞典的社会服务法案规定,公民具有获得国家社会救助和服务的权利,国家必须履行提供社会服务的义务。同时,一些其他法案为权利与义务提供法律支撑。管理主要分为三个层次:中央政府负责国家级调控、监督政策实施,郡议会负责大型综合医疗机构及财政支持,自治市政府负责社区级养老机构建设及运行监督。

**2. 确保效率及动态平衡**

国家实行了养老金名义账户制度。名义账户将个人缴费分为两部分,一部分为累积账户(2%),另一部分为投资收益账户(16%),且该账户由养老金管理局管理。这样,公民退休所领取的养老金,就取决于缴费累积额以及养老金投资收益。同时,国家利用诸如收入指数、平衡比率、平衡指数等精算指标,提高了资金发放精准性,实现了财务稳定和平衡。在制度的实施层面,采取"新人新办法,老人老办法"的渐进式策略,实现了改革的平稳过渡。

**3. 按需分配,医养结合**

在瑞典,公民只要存在养老服务的需求,都可以享受养老服务。但是,老年人的养老服务需求存在多样化、个性化,单靠国家力量难以满足。为此,瑞典将家庭和市场力量引入养老服务,构建了互补性的家庭养老、机构养老等多种养老模式。在这种模式下,国家优先支持居家养老,设立功能齐全的家政服务系统。除此之外,公民也可选择机构养老,如集体之家、养老住房、专用住房以及疗养院等公共养老机构。

**4. 注重培训服务专业**

在瑞典,养老服务从业人员都必须接受专业培训。例如,养老服务监督和管理人员需要接受大学专业教育,基础护理和服务人员要获得专业护理或助理资格认证。而且,随着养老服务的发展,养老人才越来越高度专业化。国家高等院校开始设置养老专业课程,在全国范围招收本科生,甚至硕士和博士生。同时,根据养老服务需求的变化不断调整着课程内容,以不断提高养老服务行业的专业能力和素质,足见国家对养老服务专业化培养的重视。

### 三、社会保障法的内容

社会保障法是调整社会保险关系、社会救助关系、社会福利关系、社会优抚关系等各类社会保障关系的依据。一般而言,社会保障法的内容涉及社会保障法律关系的主体、社会保障法律关系的客体和社会保障法律关系三个方面。

### （一）社会保障法律关系的主体

社会保障法律关系的主体是指在社会保障活动中，由法律规定的，依法享有社会保障权利和承担义务的当事人。从社会保障的运行过程来看，主体包括：①全体社会成员。全体社会成员是社会保障法的受益主体。可以分为无劳动者（城乡居民）以及劳动者。社会成员在社会保障中具有双重属性，其既是社会保障的被给付主体，同时也是社会保障的给付主体。②国家或政府机构。国家或政府机构是社会保障制度运行中最重要的责任主体，其不仅是社会保障制度实施的强有力的财政后台，也是社会保障运行的监督者。③企业单位、社会团体及官方机构。它们不仅承担着向社会保障机构供款的责任，而且要直接承担诸如职业福利的责任，从而对社会保障有着直接的义务与权益，是社会保障法律关系中的当然主体。④社会保障实施经办机构。实施经办机构是社会保障项目实施的责任主体。它既依法享有向企业、社会团体、劳动者个人等征收社会保险费等权利，又承担着具体组织实施社会保障项目的义务，因而是社会保障法律关系中的当然主体。在我国，各地都设立了社会保险经办机构，办理社会保险的登记、社会保险费的缴纳和社会保险待遇的发放等工作。

### （二）社会保障法律关系的客体

社会保障法律制度的客体是指各种关系主体的权利和义务共同指向的目标。从社会保障制度的实践来看，它的客体是指社会保障规定项目和范围内的各种物质利益和自然人。一方面，社会保障所保障的都是客观存在的财产物资和自然人的身体及生命安全，如自然灾害救助以属于灾民所有的财产物资上的利益为保障对象，其他社会保障项目多以保障自然人的生活与身体为目标。另一方面，社会保障的目的主要是为社会成员提供基本生活保障，国民保障权益的实现是通过支付货币或提供服务等方式来进行的。所以，人是社会保障法律制度中最重要的客体，而物则是部分社会保障法律中的特殊客体。

### （三）社会保障法律关系

社会保障法律关系是不同社会保障主体之间在社会保障活动中所发生的各种关系的总和。其依据不同的角度，可以有多种划分。例如，依据其内容不同，可以分为社会保险关系、社会救助关系、社会福利关系以及优抚安置关系。依据社会保障的体制来划分，又可以分为社会保障管理关系、社会保障资金筹集关系、社会保障给付关系、社会保障资金运营关系、社会保障监督关系等。虽然社会保障法律关系可以按不同角度有多种划分方法，但归根结底，离不开以下几种关系：

**1. 国家或政府与社会成员的关系**

在社会保障活动中，全体社会成员依法享有社会保障权利，国家或政府则对社会成员负责，承担着社会保障的各项义务。因此，国家或政府与社会成员之间的关系主要为给付关系。

### 2. 国家与社会保障实施经办机构的关系

一方面，社会保障制度的实施，国家需委托各类社会保障实施经办机构去运营和管理。另一方面，社会保障实施经办机构的运营又会受到国家层级的监督。因此，国家与社会保障实施经办机构之间主要为委托和监督关系。

### 3. 国家与企业单位之间的关系

国家与企业单位之间主要为各项社会保障费用的征收和缴纳关系。

### 4. 企业单位和劳动者之间的关系

劳动关系建立以后，劳动者依法有权利要求，同时企业单位亦有义务为劳动者办理社会保险、缴纳社会保险费并为劳动者代缴应由劳动者缴纳的社会保险费。

### 5. 社会保障实施经办机构之间的关系

各类社会保障实施经办机构应该有各自明确的分工，并能在职能上相互衔接，构成一个统一运作的整体。例如，社会保障资金的筹集机构、管理机构、运营机构和发放机构等。因此，各机构之间主要为分工协作关系。

这些关系并非单独存在，往往呈现出交错而复杂的特点。此外，就广义而言，还有社会保障争议的仲裁与诉讼关系。目前，社会保障诉讼一般采用行政诉讼程序进行。

## 四、社会保障法的表现形式

法的形式是法的内容的表现形式。以我国的立法体例为例，社会保障法由五个效力层次的法律规范共同构成，依次是宪法的规定、基本法和单项法、行政法规、地方性行政法规。此外，我国加入和政府批准的国际立法，也是我国社会保障法的组成部分。

### （一）宪法

宪法是国家的根本大法，是一切法律的立法基础。我国《宪法》在"公民的基本权利和义务"一章具体规定了发展社会保障事业的内容。《宪法》第四十四条规定："国家依照法律规定实行企业事业组织的职工和国家机关工作人员的退休制度。退休人员的生活受到国家和社会的保障。"第四十五条规定："中华人民共和国公民在年老、疾病或者丧失劳动能力的情况下，有从国家和社会获得物质帮助的权利。国家发展为公民享受这些权利所需要的社会保险、社会救济和医疗卫生事业。国家和社会保障残疾军人的生活，抚恤烈士家属，优待军人家属。国家和社会帮助安排盲、聋、哑和其他有残疾的公民的劳动、生活和教育。"而且，2004年的宪法修正案首次明确把"国家建立健全同经济发展水平相适应的社会保障制度"写入《宪法》之中。宪法中这些关于社会保障的相关规定，是社会保障法律立法的最高表现。

### （二）社会保障基本法和社会保障单项法

该类法律由全国人民代表大会及其常委会制定，效力仅次于宪法。社会保障基本法是统领社会保障的综合性法典，它确立了社会保障制度的总体框架，对社会保障的基本原则、保障项目、运行规则、筹资模式、管理体制等基本内容进行全面系统的规定，因而成为社会保障单项法以及其他较低层次法律规范的立法基础和立法依据，如我国《劳动法》《劳动合同法》《老年人权益保障法》等法律中对社会保障的规定。社会保障单项法是调整某一方面社会保障关系的基础性立法，如全国人民代表大会常务委员会通过的《社会保险法》和《军人保险法》就是此类单项立法形式。

### （三）国务院社会保障行政法规

社会保障行政法规是由我国最高行政机关国务院，以宪法和社会保障基本法为基础，根据社会保障需要制定的具有普遍效力的法律规范。该类行政法规的名称通常为"条例""规定""办法"三种。例如，我国已经颁布施行的《失业保险条例》《工伤保险条例》《城市居民最低生活保障条例》《军人抚恤优待条例》《社会保险稽核办法》和《社会保险行政争议处理办法》等。

### （四）地方性社会保障行政法规

地方性社会保障行政法规是由省、自治区、直辖市地方立法机关（地方人大及常委会）根据本行政区域的具体情况和实际需要，制定颁布的法规。其制定要以宪法、社会保障基本法和国务院行政法规为基础，内容不得抵触。该类法律如西藏自治区1998年1月颁布的《西藏自治区实施＜中华人民共和国残疾人保障法＞办法》。

### （五）国际公约

由联合国、国际劳工组织等国际组织制定的有关社会保障的国际公约立法，经我国加入或政府批准后，这些公约与国内法律具有同等法律效力，也是我国社会保障法的重要组成部分，如《制订最低工资确定办法公约》《职业安全和卫生及工作环境公约》《残疾人职业康复和就业公约》等。

## 五、社会保障法体系

社会保障法体系是指一个国家或地区的全部社会保障法律规范按照一定标准分类组合，由多部法律及其多个层次所构成的有机整体。社会保障法体系具有横向和纵向双维结构。一方面，社会保障法是由不同效力层次的各种法律规范，即按照宪法、社会保障基本法、专项社会保障法律及其以下各个层次的社会保障法律规范所构成，且低层级法律规范必须服从高层级法律规范。另一方面，社会保障法规范又按照一定标准划分成若干项社会保障法律制度，如社会保障实体法、社会保障基金法、社会保障组织法、社会保障程序法等。

根据社会保障的内容来划分，社会保障法体系主要包括社会保险法、社会救助法、社会福利法和社会优抚法。

### （一）社会保险法

社会保险法是调整社会保险法律关系的法律规范的总称，以养老、失业、医疗、工伤和生育保险为主要内容，是社会保障法体系非常重要的组成部分。

### （二）社会救助法

社会救助法是国家和社会向难以维持最低生活水平的公民提供物质援助，以确保其最低生活需要的一系列社会保障法律规范的总称。

### （三）社会福利法

社会福利法是国家和社会为提高全体公民的物质和精神生活水平而为国民提供的各种普惠性物质和精神服务的社会保障法律规范的总称。

### （四）社会优抚法

针对特殊群体的社会保障而制定的社会保障法律规范的总称，是社会保障法的特殊组成部分，如针对军人及其家庭的社会优抚制度。

## 第二节 社会保障管理

社会保障管理是现代社会管理专业化分工的必然产物，是研究社会保障活动的合理性和规律性的科学，具体来讲是为了保证现行社会保障法律、法规、政策得以贯彻落实，国家、政府或相关部门成立专门的社会保障机构，组织专业人员对各项社会保障事务进行计划、组织、协调、控制和监督，最终满足居民对各项社会保障服务的需求的过程。

业内关于社会保障管理的分类研究从管理主体、管理内容等多角度进行了不同的分类研究，主要有社会保障行政管理、社会保障基金管理、社会保障服务管理、社会保障监督管理等多类范畴，本教材从研究和应用的广泛度出发，结合学习社会保障管理的基本内容和方法，主要介绍了社会保障管理概述、社会保障行政管理和社会保障基金管理三个范畴。

### 一、社会保障管理概述

#### （一）社会保障管理的原则

**1. 依法管理原则**

依法管理、依法保障，实现社会保障法制化，是西方发达国家的经验总结，也是市场经济的客观要求，因为市场经济本身就是法治经济。

健全的社会保障制度必须包含健全而完备的社会保障法体系。社会保障机构的设置、社会保障基金的筹集和管理、社会保障管理各部门的职责权限、公民享受社会保障的资格和程序、侵害公民社会保障权利行为的处置以及对社会保障管理实施的监督等都必须有具体的法律规定，才能使社会保障管理做到有法可依。

**2. 集中管理与分类管理相结合原则**

社会保障是政府的社会化事业，政府是社会保障制度的最终责任承担者，所以应当由政府机构对社会保障事务实行统一集中管理。但是，由于社会保障项目比较多，不同社会保障项目的属性、作用及操作方法差异很大，因此，有必要根据各类社会保障项目的具体特点，实行分类管理、分级管理、分项目管理。从各国社会保障管理的实践来看，各国都遵循集中管理和分类管理相结合的原则。

**3. 效率原则**

随着市场经济的推行，传统管理体制所表现出来的管理机构分散、机构重叠、职责不清、人浮于事、效率低下等弊端使社会保障管理环节增多、成本上升、社会保障基金使用效率低下，从而直接影响了社会保障政策的实施成效，妨碍了市场经济的健康运行。通过深化社会保障管理体制改革，建立管理社会保障的社会化机构，统一社会保障管理体制和政策，可消除多头分散管理的各种弊端，提高社会保障的管理效率。

**4. 与社会经济整体协调一致原则**

社会保障管理的机构设置及运行机制都要与经济社会的发展相适应，建立统一、协调的社会保障管理体制也是国家调控和发展经济的需要。社会保障机构统一筹集和调剂社会保障基金，能使国家、政府充分利用基金，形成规模效应，并结合国内经济形势，调整基金流向和产业结构，促进经济协调发展。

### （二）社会保障管理主体

社会保障管理作为政府的一项基本社会管理职能，是政府提供公共服务和公共产品的社会事务和社会政策管理。社会保障管理涉及三类主体：第一类主体是政府的相关职能部门和管理机构，履行社会保障的行政管理职责；第二类主体是社会保障的经办机构，履行社会保障的业务管理和经办事务；第三类主体是居民、企业、工会组织等，属于社会保障待遇的直接受益者。他们之间以居民社会保障服务的供给与需求为核心，有着密切的关系，如图 3-1 所示。

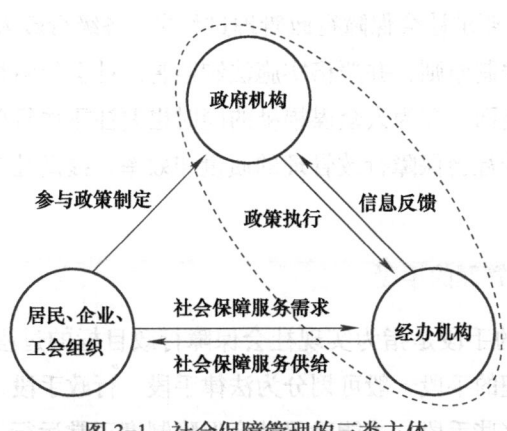

图 3-1　社会保障管理的三类主体

### (三) 社会保障主管机构和监督机构

社会保障主管机构包括人力资源和社会保障部、民政部、财政部等，其中，人力资源和社会保障部是社会保障主管部门的最高主管机构，地方设立人力资源和社会保障厅（局），隶属于各级人民政府，在各自的权限范围内执行社会保障法律法规的规定，对社会保障制度的建立、运行进行管理和监督。民政部在社会保障管理方面的职责是负责管理全国的社会救助、社会福利、优抚事业等。

社会保障监督机构包括行政监督机构、司法监督机构和社会监督机构。行政监督机构负责对社会保障制度实施和运行的全过程进行监督，主要指中央和地方劳动和社会保障部门；司法监督机构是指依法对违反社会保障的民事和刑事案件进行审判和检察的部门，主要指人民法院和人民检察院；社会监督机构是指有关社会组织对社会保障的各个环节和各个部门履行职责和实施保障情况进行监督的部门。

## 二、社会保障行政管理

社会保障行政管理是指政府为确保社会保障制度的良性运行，依法成立和设置相应的社会保障行政管理部门，管理和监督社会保障行政事务。

### （一）社会保障行政管理的内容和特点

社会保障行政管理的主要内容包含战略和执行两个层面。在战略层面，社会保障行政管理部门负责拟订社会保障发展规划和计划，制定社会保障法律、法规、政策及其贯彻落实办法等相关内容，建立和完善社会保障信息化、社会化服务体系。具体来讲包括：设置高效的社会保障管理机构、配置精干的社会保障管理人员、明确社会保障的实施范围和对象、规定社会保障资金的管理办法。在执行层面，社会保障行政管理部门负责培养、考核、任免社会保障管理干部，处罚社会保障工作中的违法行为，监督和检查法律法规和政策的落实情况，兼顾地区和人群之间的利益矛盾，受理相关申诉、调解和仲裁等内容。

社会保障行政管理作为国家政府部门依法进行的管理，具有一些通用的特点，如具有一定的政治性和法制性，要求社会保障行政管理过程中，各级行政人员依法行政、执法必严、违法必究。要始终贯彻法制原则，并严格实施法制监督。社会保障行政管理关系到社会经济生活、文化生活等方方面面，在为大众谋福祉的同时也要注重执行效率，如利用先进的技术和现代化的管理工具提升社会保障行政管理的质量和效率，提高社会保障行政管理的社会满意度。

### （二）社会保障行政管理的手段

社会保障行政管理的手段是指为实现社会保障行政目标的过程中所使用的各种方法和措施。社会保障行政管理的手段一般可划分为法律手段、行政手段、经济手段、教育手段、技术手段。正确地使用这些手段，才能确保社会保障制度正常运行、健康发展。

## 1. 法律手段

此处的法律手段指的是社会保障行政管理部门根据已定的法律条例，调整社会保障活动中各主体的关系，以保证和促进社会保障有序进行的管理方法。法律手段具有严肃性、公平性和规范性，对组织和个人有同等的约束力。社会保障行政管理工作在当前要认真落实以下法律法规：

（1）社会保险法律制度。该制度具体规定劳动者在年老、失业、患病、工伤、生育等情况下可获得帮助和补偿，即建立基本养老保险、基本医疗保险、失业保险、工伤保险、生育保险制度。

（2）社会救济法律制度。该制度具体规定公民在遭受自然灾害或者生活发生严重困难的情况下可获得经济帮助，即建立灾民救济、城市居民最低生活救济、城乡特殊贫困人员救济等制度。

（3）社会福利法律制度。该制度具体规定不同的社会成员在分享社会发展成果方面可获得的经济帮助（即建立老年福利、托幼福利、残疾人福利、社区服务、城镇居民福利津贴等项制度）和设立文化、教育、卫生、保健等社会公益设施。另外，还有社会优抚的法律法规，可以有针对性地保证解决优抚对象实际存在的困难，提高他们的社会地位和生活质量。

## 2. 行政手段

行政手段是社会保障管理相关政府机构为达到宏观调控经济活动的目标，以权威和服从为前提，采取强制性的命令、指示、规定等指挥下属工作的行政管理方法。行政手段具有强制性、具体性的同时，因自上而下的行政执行层次，还具有垂直性和无偿性，即一切根据行政管理的需要，不考虑等价交换或价值补偿。

计划手段、经济手段的调节功能都有一定的局限性，因此我国社会主义市场经济调控还不能放弃必要的行政手段。社会保障行政管理为保障工作顺利进行和效益最大化，对在具体的社会保障事业内部机构管理中的工作人员和决策制定者的行为方式进行管理，具有两面性：一方面，社会保障行政管理强化了各部门、各层级的协作意识，充分发挥行政的管理职能，对提高管理效率具有重要促进作用；另一方面，行政手段还有利于解决一些"特殊的紧迫问题"。但行政手段是短期的非常规的手段，不可滥用，必须在尊重客观经济规律的基础上，从实际出发加以运用，预防官僚主义、权责不明、机构设置不合理、经办人员专业水平不足等负面效应。

## 3. 经济手段

经济手段是根据客观经济规律，运用价格、税收、信贷、工资、利润、奖金、罚款和经济合同等手段，调节各种不同经济主体之间的关系，以获得较高的经济效益与社会效益的管理方法。经济手段具有利益性、有偿性、平等性、灵活性、关联性等特点。

一般来讲，运用经济手段的前提是，承认追求物质利益行为的合理性，被管理者的工作兴趣和热情很大程度取决于利益实现的程度。因此在使用经济手段时应该注意遵循客观经济规律，并克服经济手段本身的局限性。近几年来，随着我国社会保障制度的逐步完善，社会保障的基金管理也得到了进一步加强。

#### 4. 教育手段

社会保障行政管理的教育手段指的是我国行政部门、民间非政府组织和相关专业人士等，利用自身社会资源，面向大众普及社会保障相关知识，帮助民众了解社会保障的运作以及相关的社会保障法律、法规、条例、政策等内容，以保障公民的权益，鼓励广大民众更好地参与到社会保障建设之中，并对社会保障的执行情况进行监督。

教育手段是对法律手段、行政手段和经济手段的支持和补充，对社会保障行政管理的顺利开展和进步有一定的促进作用，具有普适性、平等性、公开性等特点，其主要包括物质手段、精神手段两大类。

### 三、社会保障基金管理

社会保障基金是指根据国家立法，通过各种特定渠道建立的用于实施社会保障制度的专项资金，是社会保障制度的物质基础和核心机制。社会保障基金管理是指为保障劳动者的基本生活，根据国家和个人的经济承受能力而开展的基金筹集、待遇支付、基金保值增值的行为和过程。社会保障基金管理作为保障劳动者和社会成员的基本生活的物质基础，关乎社会保障制度运作能否顺畅、能否持续、能否成功，更关系到民众的切身利益与社会稳定。本文主要介绍社会保障基金的特征、社会保障基金管理的目标和架构、社会保障基金管理的内容。

#### （一）社会保障基金的特征

社会保障基金是用于社会保障事业的一种消费性社会后备基金，具有国家法定性、专款专用性、双效益性等特征。

##### 1. 国家法定性

社会保障基金的国家法定性是指社会保障基金是根据国家立法建立起来的，要依法运作，无论征缴还是投资、支付等，都要受到国家法律法规的规范与限制，规范各行为主体的权利和义务，如参保单位和个人要依法缴纳社保、社保管理机构应当依法收缴社保基金等。

##### 2. 专款专用性

社会保障基金主要用于劳动者和社会成员遇到年老、疾病、伤残、生育、死亡、失业、工伤、贫困、自然灾害等风险时的物质帮助，以通过社会保障基金摆脱生存危机，维持基本生活水平。社会保障基金的专款专业性要求，社会保障基金用于特定的目的和用途，不能用于社会保障事业以外的目的，即任何机构或个人都不得随意挪作他用。

### 3. 双效益性

社会保障基金在运作过程中要讲究资金效益，即以社会效益为前提，兼顾经济效益，实现资金的保值增值。社会效益是社会保障基金存在的根本目的，经济效益是指为保证基金规模，减轻国家、企业和个人的负担而必须提高基金的投资收益，是社会保障事业可持续发展的必要条件。

### （二）社会保障基金管理的目标和架构

在社会保障基金管理的不同环节和不同时期，社会保障基金管理的目标各有不同，但整体来讲，社会保障基金管理的目标可以归纳为以下四点：①确保社会保障基金的安全；②提升社会保障基金的效益；③促进社会保障制度的可持续；④实现社会的公平与正义。从这四个目标的内容我们不难看出，它们的关系是逐个递进的，即社会保障基金管理的目标不仅关系到自身的长期发展，更关系到社会保障制度的可持续发展，乃至整个社会的和谐。

在我国，关于社会保障基金尚未有一个统一的含义界定，关于基金的解释和管理主体范围，相关研究各有侧重。这里研究的社会保障体系构架，将社会保障基金分为社会救济基金、社会保险基金、社会福利基金和全国社会保障基金。根据《社会保险法》第六十四条规定，社会保险基金由基本养老保险基金、基本医疗保险基金、工伤保险基金、失业保险基金和生育保险基金五部分构成，详见图3-2。其中，社会保险基金在数量上占据了社会保障基金的大部分，是社会保障基金的主要部分，而基本养老保险基金又是社会保险基金的主体部分。

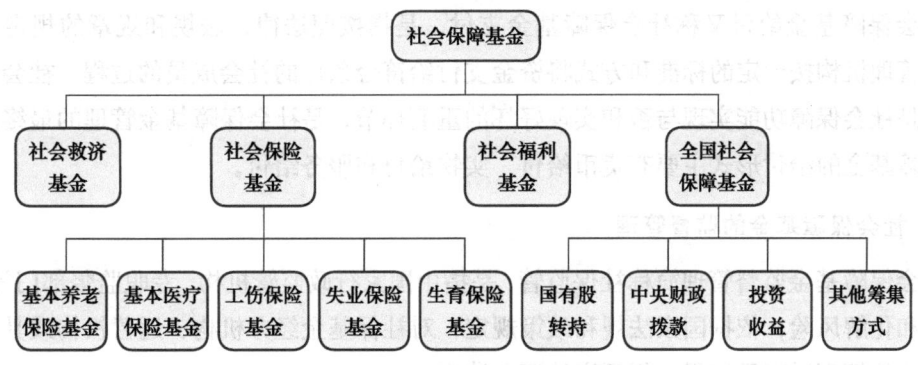

图 3-2 中国社会保障基金架构

### （三）社会保障基金管理的内容

根据社会保障基金的实际管理内容，将社会保障基金的管理分为筹集管理、投资管理、给付管理和监督管理四个环节。

#### 1. 社会保障基金的筹集管理

社会保障基金是从国民收入的初次分配及再分配过程中形成的，主要来源有国家财政支持、企业或雇主缴费、个人缴费、社会筹资等，前三者是社会保障基金的主要筹资渠道。社会保障基金的筹集方式主要有现收现付制、完全积累制、部分积累制三种方式。

（1）现收现付制是一种以横向平衡原则为依据，以同一时期正在工作的所有人的缴费，来支付现在保险收益人的开支的制度。以养老保险为例，现收现付制是指根据每年养老金的实际需要，从同期正在工作的劳动者的工资中提取相应比例的缴费来支付已退休人员的养老金的保险财务模式，即本期征收，本期使用。

（2）完全积累制也称基金制，是以远期纵向平衡为原则的社会保障基金筹集模式。此种模式要求劳动者在就业期间建立个人账户，以储蓄方式筹集社会保障基金，这种长期储存及保值增值方式积累的基金，其所有权归劳动者本人，可按照约定的领取条件领取。

（3）部分积累制也称部分基金制，是现收现付制和完全积累制两种模式的结合。同样以养老保险为例，退休人员的养老金一部分来源于现收现付制中的筹集资金，另一部分来源于完全积累制中的筹集资金。

### 2. 社会保障基金的投资管理

社会保障基金的投资管理是为了实现社会保障基金的保值增值，同时也有利于增强社会保障基金的给付能力、减轻各方的保险费负担、促进社会经济的发展等。从世界各国的具体实践来看，社会保障基金不仅可以进行金融投资，还可以进行实业投资；不仅可以投资国内市场，还可以投资海外市场。社会保障基金的投资工具主要有银行存款、股票债券、贷款、共同基金、风险投资、不动产等多类。

### 3. 社会保障基金的给付管理

社会保障基金给付又称社会保障基金支付，是指按照法律、法规和规章的规定，由社会保障管理机构按一定的标准和方式将资金支付给符合条件的社会成员的过程。社会保障基金给付是社会保障功能实现与否和实现好坏的重要环节，是社会保障基金管理的最终环节。社会保障基金的给付形式主要有货币给付、实物给付和服务给付。

### 4. 社会保障基金的监督管理

社会保障基金监督管理简称社保监管，是指由国家行政监管机构、专职监督部门等主体，为防范和化解风险，依据国家法规和政策规定，对社保基金经办机构、运营机构或其他有关中介机构的管理过程及结果进行评审认证和鉴定。

> **国内热点3-1**

#### 国资充实社保基金，国有资本用得其所

2020年财政部发布消息称，中央层面划转部分国有资本充实社会保障基金的工作全面完成，据悉，参与划转的企业和机构合计近百家，划转的国有资本合计超过1.6万亿元。

从人口老龄化发展趋势来看，有统计分析预测，到2035年中国社会的人口抚养比率将达到1:1，养老保险基金的支付压力巨大，这对社会保障体制是很大的挑战。从现阶段养老保险的情况来看，目前我国企业养老保险基金总体上有较大规模的结余，并未出现资金不足。

因此，划转国有资本来充实社保基金不是"亡羊补牢"，而是"未雨绸缪"的举措。本次中央层面的划转工作充实了社会保障基金，国有资本用得其所，保障了我国养老保险制度的公平、公正和更可持续发展，体现了社会保障体制与社会发展的相得益彰。

随着中央层面的资本划转告一段落，当前的重点和焦点也集中在了后续的管理工作上，考虑本次划转的是具有特定用途的国有资本，同时也具有一定的政策目标，因此，使得这笔资金在安全规范管理的同时实现保值增值，也是至关重要的工作。划转的国有资本应在集中持有的基本规则之上，进行单独核算和独立运行，同时为实现社会的基本正义，这笔划转的国有资本还应接受相关部门的考核和监督。因此可以推测，国有资本的后期运作和管理，涉及财政部、人力资源和社会保障部、社保基金会等相关多部门密切配合和协力推进。

社会保障是民生安全网、社会稳定器，与人民幸福安康息息相关，关系国家长治久安。按照兜底线、织密网、建机制的要求，我国将全面建成覆盖全民、城乡统筹、权责清晰、保障适度、可持续的多层次社会保障体系。

## 本章小结

| 章节知识结构 | | 学习的重点与难点 |
|---|---|---|
| 社会保障法 | 社会保障法的定义 | 重点：社会保障法的定义、特征，社会保障法的立法原则，社会保障法体系<br>难点：社会保障法的特征、立法原则 |
| | 社会保障法的特征 | |
| | 社会保障法的内容 | |
| | 社会保障法的表现形式 | |
| | 社会保障法体系 | |
| 社会保障管理 | 社会保障管理概述 | 重点：社会保障管理的四个原则和社会保障管理的主体<br>难点：社会保障主管机构和监督机构 |
| | 社会保障行政管理 | 重点：社会保障行政管理的特点和手段<br>难点：从战略和执行两个层面理解社会保障行政管理的内容 |
| | 社会保障基金管理 | 重点：社会保障基金的特征和管理目标<br>难点：社会保障基金管理架构和内容 |

**案例分析**

### 社会保险领域严重失信人名单管理暂行办法

**第一条** 为推进社会保险领域信用体系建设，保障社会保险基金安全运行，切实维护用人单位和参保人员合法权益，根据《国务院关于建立完善守信联合激励和失信联合惩戒制度加快推进社会诚信建设的指导意见》（国发〔2016〕33号）和《国务院办公厅关于加快推进社会信用体系建设构建以信用为基础的新型监管机制的指导意见》（国办发〔2019〕35号）等有关规定，制定本办法。

**第二条** 基本养老保险、失业保险和工伤保险（以下简称社会保险）领域有严重失信行为的用人单位、社会保险服务机构及其有关人员、参保及待遇领取人员等严重失信人名单管理工作，适用本办法。

**第三条** 人力资源社会保障部负责指导监督全国社会保险严重失信人名单管理工作。

县级以上地方人力资源社会保障部门根据职责负责本辖区内社会保险严重失信人名单的具体实施管理工作。

**第四条** 社会保险严重失信人名单实行"谁认定、谁负责"，遵循依法依规、公平公正、客观真实、动态管理的原则。

**第五条** 用人单位、社会保险服务机构及其有关人员、参保及待遇领取人员等，有下列情形之一的，县级以上地方人力资源社会保障部门将其列入社会保险严重失信人名单：

（一）用人单位不依法办理社会保险登记，经行政处罚后，仍不改正的；

（二）以欺诈、伪造证明材料或者其他手段违规参加社会保险，违规办理社会保险业务超过20人次或从中牟利超过2万元的；

（三）以欺诈、伪造证明材料或者其他手段骗取社会保险待遇或社会保险基金支出，数额超过1万元，或虽未达到1万元但经责令退回仍拒不退回的；

（四）社会保险待遇领取人丧失待遇领取资格后，本人或他人冒领、多领社会保险待遇超过6个月或者数额超过1万元，经责令退回仍拒不退回，或签订还款协议后未按时履约的；

（五）恶意将社会保险个人权益记录用于与社会保险经办机构约定以外用途，或者造成社会保险个人权益信息泄露的；

（六）社会保险服务机构不按服务协议提供服务，造成基金损失超过10万元的；

（七）用人单位及其法定代表人或第三人依法应偿还社会保险基金已先行支付的工伤保险待遇，有能力偿还而拒不偿还、超过1万元的；

（八）法律、法规、规章规定的其他情形。

**第六条** 社会保险经办机构按照国务院关于建立证明事项告知承诺制的有关规定，在办理社会保险事项时，以书面（含电子文本，下同）形式将法律法规中规定的证明义务、证明内容以及被列入严重失信人名单的风险提示等一次性告知当事人，当事人书面承诺已经符合告知的条件、标准、要求，愿意承担不实承诺法律责任的，社会保险经办机构不再索要有关证明而依据当事人承诺办理相关事项。

社会保险经办机构应通过各级在线政务服务平台、数据共享交换平台、信用信息共享平台、政府部门内部核查和部门间行政协助等方式对当事人承诺内容予以核查。当事人违背承诺，存在本办法第五条规定情形的，列入社会保险严重失信人名单。

**第七条** 人力资源社会保障部门拟将当事人列入严重失信人名单的，应当事先书面告知当事人拟列入的事实、理由、依据、惩戒措施、期限等,以及其享有陈述申辩的权利。经复核,当事人的申辩理由不成立或逾期未提出申辩的,应当做出列入决定,并通知当事人。列入决定应当列明:

(一)当事人基本信息,包括法人和其他组织名称及其统一社会信用代码,法定代表人或单位负责人姓名及其身份号码,相关责任人姓名及其身份号码;

(二)列入事实、理由、依据、期限、惩戒措施、做出列入决定的人力资源社会保障部门名称、联系方式;

(三)当事人权利救济途径和救济期限等;

(四)整改方式和期限、信用修复方式等名单退出方式告知等。

**第八条** 人力资源社会保障部门应当自做出列入决定之日起7个工作日内,在人力资源社会保障门户网站、"信用中国"等相关媒介上公示社会保险严重失信人名单信息。

**第九条** 人力资源社会保障部门应当自做出列入决定之日起7个工作日内,上传社会保险严重失信人名单信息至人力资源社会保障信用信息平台和全国信用信息共享平台,由相关部门依据《关于对社会保险领域严重失信企业及其有关人员实施联合惩戒的合作备忘录》(发改财经〔2018〕1704号)规定实施联合惩戒。

**第十条** 因发生第五条第(一)项、第(四)项、第(六)项、第(七)项规定情形被纳入社会保险严重失信人名单的,联合惩戒期限为1年,期满自动移出社会保险严重失信人名单。

因发生第五条第(二)项、第(三)项、第(五)项、第(八)项规定情形或再次发生第五条规定情形被纳入社会保险严重失信人名单的,联合惩戒期限为3年,期满自动移出社会保险严重失信人名单。

**第十一条** 人力资源社会保障部门按照国务院有关部门关于失信行为限期整改制度的规定,对首次因发生第五条第(一)项、第(四)项、第(六)项、第(七)项规定情形被纳入社会保险严重失信人名单的失信主体,可结合实际以适当方式督促其在3个月内整改。失信主体整改到位后,可提请人力资源社会保障部门确认,人力资源社会保障部门应在30个工作日内核查确认,将其提前移出社会保险严重失信人名单。

**第十二条** 未按时整改的失信主体,可以按照国务院有关部门关于信用修复的规定,主动纠正失信行为、消除不良影响,向人力资源社会保障部门申请信用修复,并提供已经履行义务和书面信用承诺等相关资料。人力资源社会保障部门在收到修复申请60个工作日内核查确认后,将其提前移出社会保险严重失信人名单。

**第十三条** 失信主体被移出社会保险严重失信人名单的,相关部门联合惩戒措施即行终止。

**第十四条** 人力资源社会保障部门将失信主体移出社会保险严重失信人名单的,应当通过人力资源社会保障门户网站、"信用中国"等相关媒介予以公示。

**第十五条** 当事人对被列入社会保险严重失信人名单不服的,可依法提起行政复议或行政诉讼。

第十六条　人力资源社会保障部门工作人员在实施社会保险严重失信人名单管理过程中，滥用职权、玩忽职守、徇私舞弊的，依法予以处理。

第十七条　本办法自印发之日起施行。

**讨论：**

1. 根据社会保障法的概述，讨论《社会保险领域严重失信人名单管理暂行办法》体现了社会保障法的哪一类表现形式，其效力如何？该项法律法规具体体现了社会保障法立法的哪些原则以及是如何体现的？
2. 该项法律法规具体包含几部分内容，法规中的主体、客体及法律关系是怎样的？
3. 该项法律法规对社会保险事业作用如何？对于法律法规中规定的具体细节，是否还需补充？

## 社会实践

**调研目的：**

了解不同群体对社会保障管理和制度的了解程度。

**调研内容：**

以3~5人的小组为单位，调研居民小区或就近生活区的居民关于社会保障法流程制度的了解情况和态度，形成一片区域的主题调研报告，主要包括以下内容：

（1）是否了解社会保障管理的政府机构、官方网站、公众号等信息。

（2）是否了解社会保障相关服务的覆盖范围，如五险一金等。

（3）是否接受过社会保障服务的培训或宣传教育，如有，可补充时间、教育方等信息。

## 练 习 题

### 一、判断题

1. 国家立法机关制定的社会保障法律属于社会保障法的内容。（　　）
2. 法律要求社会成员须执行救灾救济、扶贫捐赠等社会保障相关活动。（　　）
3. 社会保障法立法具有技术性。（　　）
4. 人和物都属于社会保障法律制度中的客体。（　　）
5. 社会保障基本法和单项法由全国人民代表大会及其常委会制定，与宪法等效。（　　）
6. 劳动关系建立以后，企业单位有义务为劳动者代缴应由劳动者缴纳的社会保险费。（　　）
7. 社会保障基金是用于社会保障事业的一种消费性社会后备基金，具有国家法定性、

款项普适性等特征。 （    ）

8. 工伤保险基金属于社会救济基金。 （    ）

9. 从投资效益和安全风险出发，社会保障基金仅支持实业投资，不可进行金融投资。（    ）

10. 社会保障基金给付是由社会保障管理机构按一定的标准和方式将资金支付给符合条件的社会成员的过程。 （    ）

二、选择题

1. 社会保障法律关系的主体有（    ）。
   A. 全体社会成员　　　　　　　　B. 国家或政府机构
   C. 企业单位、社会团体及官方机构　D. 社会保障实施经办机构

2. 社会保障行政法规是国务院制定的具有普遍效力的法律规范，该类行政法规的名称通常为（    ）。
   A. 条例　　　B. 规定　　　C. 办法　　　D. 基本法

3. 根据社会保障的内容来划分，社会保障法体系主要包括（    ）。
   A. 社会保险法　B. 社会救助法　C. 社会福利法　D. 社会优抚法

4. 以下属于社会保险基金的有（    ）。
   A. 社会救济基金　　　　　　　　B. 社会福利基金
   C. 基本医疗保险基金　　　　　　D. 失业保险基金

5. 社会保障基金的筹集方式主要有（    ）。
   A. 部分积累制　B. 现收现付制　C. 完全积累制　D. 预收后付制

6. 社会保障基金的投资工具主要有（    ）。
   A. 银行存款　B. 股票债券　C. 风险投资　D. 不动产

7. 社会保障基金的给付形式主要有（    ）。
   A. 货币给付　B. 基金给付　C. 实物给付　D. 服务给付

8. 以下属于全国社会保障基金的有（    ）。
   A. 国有股转持　B. 中央财政拨款　C. 投资收益　D. 社会保险基金

9. 以下说法正确的有（    ）。
   A. 社会保障法归属于社会法，其具有普遍社会性
   B. 实体法是规定权利和义务实施的程序和方式的法律
   C. 社会保障制度的建立需要程序法，而社会保障制度的运行需要实体法
   D. 社会保障法由五个效力层次的法律规范共同构成

10. 以下说法错误的有（    ）。
    A. 社会保障法是维持社会保障制度稳定运行的重要保证
    B. 社会保障法内容涉及社会保障法律关系主体和客体两个方面
    C. 社会保障行政管理的行政手段因自上而下的行政执行层次，具有垂直性和有偿性
    D. 在社会保障基金管理的不同环节和不同时期，社会保障基金管理的目标各有不同

### 三、简答题

1. 社会保障法的定义是什么，其具有哪些特征？
2. 社会保障法有哪些立法原则？
3. 社会保障法包含哪些内容？
4. 社会保障法的表现形式有哪些？
5. 社会保障法法体系结构包含哪些内容？
6. 社会保障管理的主体有哪些？
7. 社会保障监督部门包括哪些？
8. 社会保障行政管理的手段有哪些？
9. 简述社会保障基金管理架构内容。
10. 社会保障基金的筹集方式有哪些？

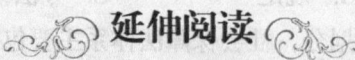

## 延伸阅读

《劳动法和社会保障法（第4版）》，林嘉主编，中国人民大学出版社，2016

**内容简介：** 该书坚持理论与实践并重，对劳动法和社会保障法的基础理论进行了比较深入的研究，同时，结合司法实践，全面系统地阐释了我国目前劳动法和社会保障法的各项具体制度。

《社会保障基金管理：理论、实践与案例（第2版）》，宋明岷主编，复旦大学出版社，2019

**内容简介：** 该书共16个章节，每4个章节为一篇，依次为社会保障基金管理概述、社会保障基金管理内容、社会保障基金管理方法、各类社会保障基金管理。

第二部分 / Part 2

02

# 社会保障制度实践篇

第四章　社会保险 // 60

第五章　社会救助 // 90

第六章　社会福利 // 111

第七章　军人保障 // 123

第八章　补充保障 // 147

# 第四章 社会保险

第四章导读

## 学习目标

- ◆ 正确理解社会保险的含义。
- ◆ 掌握社会保险的管理模式。
- ◆ 了解各项社会保险的基本内容。

## 知识结构图

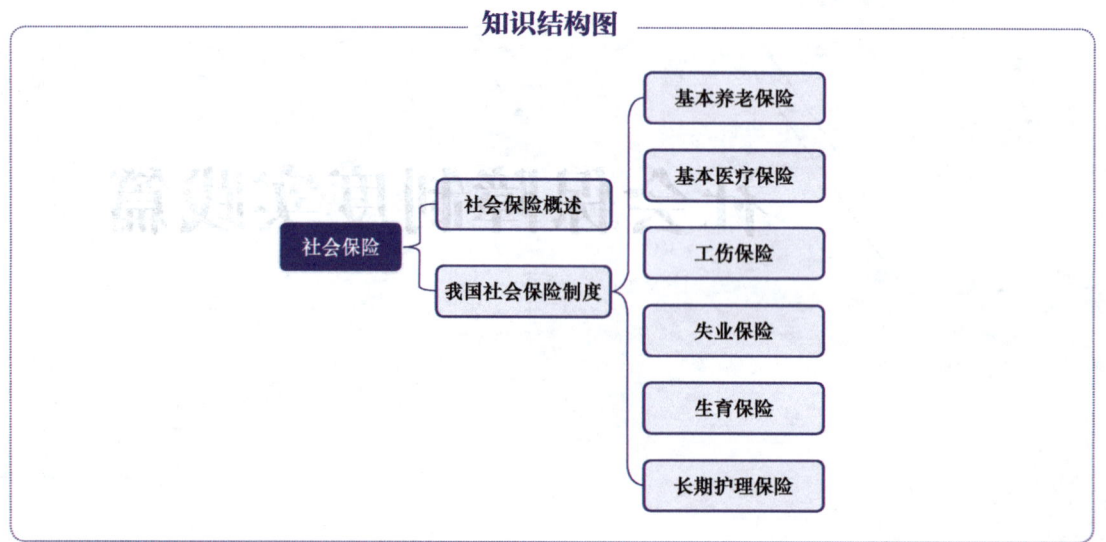

### 引导案例

**高薪能否代替保险**

某外商独资公司聘用了一位博士赵某担任副总经理。公司董事长在谈到工资待遇时，对赵博士说："董事会给你定的工资为每月两万三千元，除了工资以外，再没有其他福利待遇了。医药费报销、养老等问题都得自己解决，公司概不负责。"

工作以后，赵博士为了解除自己的后顾之忧，每月从工资中拿出两千元，向保险公司投了一份养老保险。几个月后，由于赵博士与董事长在公司的经营管理等重大问题上，产生了分歧，被董事长炒了"鱿鱼"。赵博士不服，双方为此进行了仲裁。

在劳动争议仲裁委员会，赵博士同时又提出了公司未给他缴纳养老保险的问题，他认为，这也是侵犯他合法权益的行为。但公司董事长抗辩道："不为你缴纳养老保险，是事先跟你讲好的。再说，你不是自己已经向保险公司投了养老保险了吗？"

思考：

公司是否有权不为赵博士缴纳养老保险？

# 第一节 社会保险概述

## 一、社会保险的定义

社会保险是指国家通过立法，按照权利与义务相对应的原则，多渠道筹集资金，对参保者在遭遇年老、疾病、工伤、失业、生育等风险情况下提供物质帮助（包括现金补贴和服务），使其享有基本生活保障、免除或减少经济损失的制度安排。

社会保险的对象是最重要的社会群体，即劳动者，享受社会保险待遇要以劳动权利为基础，权利与义务相结合，并且由劳动者个人、劳动单位和国家（政府）三方共担责任。

社会保险是现代社会保障体系的主体和核心，它不以营利为目的。社会保险主要是通过筹集社会保险基金，并在一定范围内对社会保险基金实行统筹调剂，至劳动者遭遇劳动风险时给予必要的帮助，社会保险对劳动者提供的是基本生活保障，只要劳动者符合享受社会保险的条件，即可享受社会保险待遇。

## 二、社会保险的特征

（1）预防性。社会保险的客观基础，是劳动领域中存在的风险，保险的标的是劳动者的人身。多方筹措而建立起来的社会保险基金，可以由国家用在每个投保者身上，而其他社会保障项目，更侧重于善后应急，预防性较弱。

（2）强制性。社会保险属于强制性保险，即国家立法，强制实施。保险待遇的享受者及其所在单位，双方都必须按照规定参加并依法缴纳社会保险基金。法定性是实现社会保险的组织保证，目的在于保障劳动者因暂时或永久丧失劳动能力以及失业时获得生活保障，安定社会秩序。

（3）互助性。社会保险是按照社会共担风险原则进行组织的。社会保险费由国家、企业、个人三方负担，建立社会保险基金。社会保险机构要用互助互济的办法统一调剂基金，支付保险金和提供服务，实行收入再分配，使参加社会保险的劳动者得到生活保障。

（4）补偿性。社会保险的缴费通常与工资挂钩，但社会保险的待遇却不与工资相等，社会保险只是对受保障者收入损失一定程度的补偿，即劳动者的基本生活需要。

## 三、社会保险的功能

（1）稳定社会生活的功能。社会保险在社会成员遇到规定范围内风险的时候，能够保证劳动者继续维持正常生活，解除其后顾之忧，进而保证整个社会的稳定运转。

（2）再分配的功能。社会保险基金在性质上属于社会公共基金，是社会保障基金中最庞大也是最重要的一种基金。社会保险基金中，国家投入的资金是从财政收入中支取的，来源于国家税收收入，因此这部分资金实际上是国家借助其权力参与国民收入分配和再分配的结果。

（3）促进社会经济发展的功能。一是社会保险制度作为需求管理的一个重要工具来发挥作用，从而对经济起正面的作用；二是社会保险基金的有效利用可以促进经济的持续繁荣；三是社会保险成为企业招揽人才的基本条件。

## 四、社会保险在现代社会保障制度中的地位

### 1. 社会保险制度的出现是现代社会保障制度产生的标志

社会保险是制度化的社会保障机制，体现了稳定性和经常性；劳动者、劳动单位和国家共同出资建立起来的社会保险制度，真正确立了社会责任与风险的共同分担机制；受保障者只要履行了依法缴纳社会保险费的义务就可以享受社会保险待遇，体现了公民的法定权利。

### 2. 社会保险制度的确立，使提供社会保障成为国家和社会的重要责任

社会保险的提供者与社会保险的享受者在法律上处于完全平等的地位，不再是统治者与被统治者的关系，政府及各种组织与个人均要承担法律规定的相关义务，受保障者则依法享受相应的社会保障权益，这是现代社会保障制度的本质体现。

## 五、社会保险与商业保险的关系

社会保险是国家强制实施的保障制度，其目的是维持社会稳定。商业保险则是人们自愿向保险公司缴纳保费，保险公司对于约定风险的发生给付保险金的一种商业行为。

### （一）二者之间的联系

从功能上看，两者都是社会风险化解机制。社会保险是多层次社会保障体系的主体，商业保险可以作为对社会保险的补充，是多层次社会保障体系的一个组成部分。

### （二）二者之间的区别

（1）保险性质不同。社会保险是国家依法强制实施的社会保险，属于政府行为。商业保险则是一种商业行为，保险人与被保险人之间完全是一种契约关系，其运作的最终目的是盈利。

（2）保险范围不同。社会保险的保险对象通常是法定范围的社会劳动者；而商业保险的保险范围仅限于保险公司合同中的被保险人。

（3）保费来源不同。社会保险费用一般由国家、企业和个人共同承担；而商业保险的费用完全由个人承担。

（4）保障水平不同。社会保险只能保证被保险人基本的生活水平；而商业保险则可以根据投保人要求满足不同层次的风险保障需求。

（5）政府功能不同。社会保险是公民享有的一项基本权利，政府对社会保险承担最终的责任；商业保险则受市场竞争机制制约，政府主要依法对商业保险进行监管，保护投保人的利益。

### 国际视野4-1

#### 美国的三种养老制度

美国的养老制度由三部分构成：一是由政府主导、强制实施的社会养老保险制度，即联邦退休金制度。其资金来源是强制征收的"社会保障税"，强制企业在每月雇员工资中代扣代缴。二是由企业主导，企业雇主和雇员共同出资的企业补充养老保险制度，即企业年金计划。1978年，美国《国内税收法》新增第401条K条款规定，政府机构及企业雇主，为雇员建立积累制养老金账户可享受税收优惠。据此，越来越多的美国企业选择了雇主和雇员共同出资、合建退休福利的方式。因此，这种企业年金计划又称作401K计划。三是由个人自愿参加的个人储蓄养老保险制度，也称为"个人退休金计划"（IRA计划）。这是一种联邦政府提供税收优惠、个人自愿参与的个人补充养老金计划。

## 第二节 我国社会保险制度

我国社会保险制度坚持广覆盖、保基本、多层次、可持续的方针，社会保险水平力求与经济社会发展水平相适应。按照《社会保险法》的规定，我国境内的用人单位和个人依法缴纳社会保险费，个人依法享受社会保险待遇。

国家多渠道筹集社会保险资金。县级以上人民政府对社会保险事业给予必要的经费支持。国家通过税收优惠政策支持社会保险事业。国务院社会保险行政部门负责全国的社会保险管理工作，国务院其他有关部门在各自的职责范围内负责有关的社会保险工作。县级以上地方人民政府社会保险行政部门负责本行政区域的社会保险管理工作，县级以上地方人民政府其他有关部门在各自的职责范围内负责有关的社会保险工作。

社会保险经办机构提供社会保险服务，负责社会保险登记、个人权益记录、社会保险待遇支付等工作。工会依法维护职工的合法权益，有权参与社会保险重大事项的研究，参加社会保险监督委员会，对与职工社会保险权益有关的事项进行监督。

我国社会保险体系由"五险"构成，即基本养老保险、基本医疗保险、工伤保险、失业保险、生育保险，目前在若干城市还有试行照护保险。除了上述五险之外，各地方社保征管部门也有可能征收某些附加医疗保险费用。雇主有义务每个月从需要支付的工资中扣除雇员个人应承担的部分社会保险费用，连同雇主应承担的部分社保费用一并上缴地方政府主管部门。

大部分情况下，我国企业的雇主和雇员应当参加五项社会保险，由雇主代扣代缴，各方的缴费义务见表4-1。

表4-1 各方的缴费义务

| 险 种 | 职工缴纳 | 单位缴纳 |
| --- | --- | --- |
| 基本养老保险 | 是 | 是 |
| 基本医疗保险 | 是 | 是 |
| 工伤保险 |  | 是 |
| 生育保险 |  | 是 |
| 失业保险 | 是 | 是 |

## 一、基本养老保险

在我国，基本养老保险制度分为城镇企业职工基本养老保险制度、机关事业单位基本养老保险制度和城乡居民基本养老保险制度。

### （一）城镇企业职工基本养老保险制度

**1. 覆盖范围**

《社会保险法》第十条规定："职工应当参加基本养老保险，由用人单位和职工共同缴纳基本养老保险费。无雇工的个体工商户、未在用人单位参加基本养老保险的非全日制从业人员以及其他灵活就业人员可以参加基本养老保险，由个人缴纳基本养老保险费。公务员和参照公务员法管理的工作人员养老保险的办法由国务院规定。"

该制度适用于参加城镇企业职工基本养老保险的所有人员，包括农民工。公务员和参照公务员法管理的工作人员养老保险的办法适用于机关事业单位基本养老保险制度。

**2. 保费缴纳办法**

（1）单位缴费。用人单位应按照国家规定的本单位职工工资总额的比例缴纳基本养老保险费，记入基本养老保险统筹基金。企业缴费的比例一般不得超过企业工资总额的20%，具体比例由省、自治区、直辖市政府确定，少数省、自治区、直辖市离退休人数较多，养老保险负担较重，确实需要超过企业工资总额的20%的，需要报人力资源和社会保障部、财政部审批。

（2）个人缴费。

缴费基数与比例：从2006年1月1日起，个人账户的规模统一由本人缴费工资的11%调整为8%，全部由个人缴费形成，单位缴费不再划入个人账户。其中，缴费工资也称为缴费工资基数,一般为职工本人上一年度月平均工资(有条件的地区也可以本人上月工资收入为个人缴费工资基数)。月平均工资按照国家统计局规定列入工资总额统计的项目计算,包括工资、奖金、津贴、补贴等收入,不包括用人单位承担或者支付给员工的社会保险费、劳动保护费、福利费、用人单位与员工解除劳动关系时支付的一次性补偿以及计划生育费用等其他不属于工资的费用。

本人月平均工资低于当地职工月平均工资的60%的,按照当地职工月平均工资的60%作为缴费基数。本人月平均工资高于当地职工平均工资的300%的,按照当地职工月平均工资的300%作为缴费基数。

**3. 领取条件**

(1)本人达到法定退休年龄并办理了退休手续。

(2)所在单位和个人依法参加基本养老保险并履行缴费义务。

(3)个人累计缴费时间满15年。

(注:养老保险若出现缴费中断现象,可延续缴费或者一次性缴费至15年,均可享受养老保险的相关待遇。)

**4. 享受的待遇**

(1)按月领取按规定计发的基本养老金,直至死亡。

(2)享受基本养老金的正常调整待遇。

(3)对企业退休人员实行社会化管理服务。

(4)死亡待遇:

1)丧葬费:按上年度全省社平工资的3个月计发(此为退休人员,离休人员为5 000元)。

2)一次性抚恤费:按上年度全省社平工资的10个月计发(此为退休人员,离休人员为本人工资的20个月)。

3)符合供养条件的直系亲属生活困难补助费,按月发放,直至供养直系亲属死亡。

(注:死亡待遇各省规定各不相同,具体待遇以当地社保局规定为准。)

**5. 计算方式**

在具体计算方式上,是以参保缴费年限为基础,以计发基数、计发比例和计发月数调整为重点,以建立参保缴费的激励约束机制为出发点,以保障参保人员的养老保险权益为目标,采取"新人新制度、老人老办法、中人逐步过渡"的方式来设计的。

(1)"新人"新制度。在《国务院关于建立统一的企业职工基本养老保险制度的决定》(国发[1997]26号)实施后参加工作的参保人员属于"新人",缴费年限(含视同缴费年限,下同)累计满15年,退休后将按月发给基本养老金,基本养老金待遇水平与缴费年限的长短、缴费基数的高低、退休时间的早晚直接挂钩。他们的基本养老金由基础养老金和个人账户养老金组成。

退休时的基础养老金月标准以当地上年度在岗职工月平均工资和本人指数化月平均缴费工资的平均值为基数，缴费每满1年发给1%。个人账户养老金月标准为个人账户储存额除以计发月数，计发月数根据职工退休时城镇人口平均预期寿命、本人退休年龄、利息等因素确定。

以60岁退休、缴费35年为例，基本养老金替代率为59.2%（其中基础养老金35%，个人账户养老金24.2%，退休后的养老保险金除以现在每月得到的工资为替代率，也就是退休时和在职时的收入比）。

（2）"中人"逐步过渡。在该决定实施前参加工作、实施后退休的参保人员属于"中人"。由于他们以前个人账户的积累很少，缴费年限累计满15年的，退休后在发给基础养老金和个人账户养老金的基础上，再发给过渡性养老金。鉴于基本养老金计发办法改革的关键是解决好"中人"的过渡问题，为保证改革的顺利推进，该决定要求各省、自治区、直辖市人民政府按照待遇水平合理衔接、新老政策平稳过渡等原则，在认真测算的基础上，制定具体的过渡办法。在过渡期实行特殊的过渡政策，按照新计发办法，养老金减少的不减发，增加的逐步增加。

（3）"老人"老办法。在该决定实施前已经离退休的参保人员属于"老人"，他们仍然按照国家原来的规定发给基本养老金，同时随基本养老金调整而增加养老保险待遇。

## （二）机关事业单位基本养老保险制度

### 1. 覆盖范围

2015年1月14日，国务院印发《关于机关事业单位工作人员养老保险制度改革的决定》，决定从2014年10月1日起对机关事业单位工作人员养老保险制度进行改革。该决定适用于按照公务员法管理的单位、参照公务员法管理的机关（单位）、事业单位及其编制内的工作人员。

### 2. 保费缴纳办法

机关事业单位基本养老保险费由单位和个人共同负担。

单位缴纳基本养老保险费的比例为本单位工资总额的20%。个人缴纳基本养老保险费的比例为本人缴费工资的8%，由单位代扣。按本人缴费工资8%的数额建立基本养老保险个人账户，全部由个人缴费形成。个人工资超过当地上年度在岗职工平均工资300%以上的部分，不计入个人缴费工资基数；低于当地上年度在岗职工平均工资60%的，按当地在岗职工平均工资的60%计算个人缴费工资基数。个人账户储存额只用于工作人员养老，不得提前支取，每年按照国家统一公布的记账利率计算利息，免征利息税。参保人员死亡的，个人账户余额可以依法继承。

### 3. 改革基本养老金计发办法

（1）在该决定实施后参加工作、个人缴费年限累计满15年的人员，退休后按月发给基本养老金。基本养老金由基础养老金和个人账户养老金组成。退休时的基础养老金月标准以当地上年度在岗职工月平均工资和本人指数化月平均缴费工资的平均值为基数，缴费每满1年发给1%。个人账户养老金月标准为个人账户储存额除以计发月数，计发月数根据本人退休时城镇人口平均预期寿命、本人退休年龄、利息等因素确定。

（2）在该决定实施前参加工作、实施后退休且缴费年限（含视同缴费年限，下同）累计满15年的人员，按照合理衔接、平稳过渡的原则，在发给基础养老金和个人账户养老金的基础上，再依据视同缴费年限长短发给过渡性养老金。具体办法由人力资源和社会保障部会同有关部门制定并指导实施。

（3）在该决定实施后达到退休年龄但个人缴费年限累计不满15年的人员，其基本养老保险关系处理和基本养老金计发比照《实施〈中华人民共和国社会保险法〉若干规定》（人力资源和社会保障部令第13号）执行。

（4）在该决定实施前已经退休的人员，继续按照国家规定的原待遇标准发放基本养老金，同时执行基本养老金调整办法。机关事业单位离休人员仍按照国家统一规定发给离休费，并调整相关待遇。

#### 4. 建立职业年金制度

机关事业单位在参加基本养老保险的基础上，应当为其工作人员建立职业年金。单位按本单位工资总额的8%缴费，个人按本人缴费工资的4%缴费。工作人员退休后，按月领取职业年金待遇。职业年金的具体办法由人力资源和社会保障部、财政部制定。

职业年金的主要功能是：

（1）补充养老。从本质上看，职业年金是职工工资的延期支付，这种延期支付的目的是为未来的退休养老做准备，以避免基本养老保险不足时所带来的生活水平的下降，职业年金从这个意义上讲是作为一种补充养老保险。

（2）福利激励。职业年金的实质是将职工现期的一部分工资转移到退休后，对于事业单位来说，就可以给予职工薪酬福利方面的激励，稳定单位劳动力队伍，另一方面也可以用来吸引和留住一些优秀管理和技术人才，提高单位的综合实力。

（3）合理避税。从企业年金的发展历史看，世界各国都给予企业年金一定的税收优惠。虽然在我国现行的税收法律制度中，对职业年金的税收优惠还没有明确规定，但是从政策导向的预期来看，未来政府对实施职业年金的单位缴费、个人缴费以及职业年金基金的投资收益均给予税收优惠是一个必然的趋势。

（4）资源配置。职业年金资产一般会以基金方式进入金融资本市场，通过从分散的个体汇聚基金，实现跨越时间、空间和产业的经济资源转移。提供这种转移的个人可以在生命周期中使资源分布最优化，同时，资源也可以被最优地配置到最有效率的用途上去。

### （三）城乡居民基本养老保险制度

我国从2009年起开展新型农村社会养老保险试点，从2011年起开展城镇居民社会养老保险试点。之后，国务院决定，从 2014 年起，依据《社会保险法》有关规定，在总结新型农村社会养老保险（以下简称新农保）和城镇居民社会养老保险（以下简称城居保）试点经验的基础上，将新农保和城居保两项制度合并实施，在全国范围内建立统一的城乡居民基本养老保险制度。内容如下：

### 1. 参保范围

年满 16 周岁（不含在校学生），非国家机关和事业单位工作人员及不属于职工基本养老保险制度覆盖范围的城乡居民，可以在户籍地参加城乡居民基本养老保险。

### 2. 基金筹集

城乡居民基本养老保险基金由个人缴费、集体补助、政府补贴构成。

（1）个人缴费。参加城乡居民基本养老保险的人员应当按规定缴纳养老保险费。缴费标准目前设为每年 100 元、200 元、300 元、400 元、500 元、600 元、700 元、800 元、900 元、1 000 元、1 500 元、2 000 元 12 个档次，省（区、市）人民政府可以根据实际情况增设缴费档次，最高缴费档次标准原则上不超过当地灵活就业人员参加职工基本养老保险的年缴费额，并报人力资源和社会保障部备案。人力资源和社会保障部会同财政部依据城乡居民收入增长等情况适时调整缴费档次标准。参保人自主选择档次缴费，多缴多得。

（2）集体补助。有条件的村集体经济组织应当对参保人缴费给予补助，补助标准由村民委员会召开村民会议民主确定，鼓励有条件的社区将集体补助纳入社区公益事业资金筹集范围。鼓励其他社会经济组织、公益慈善组织、个人为参保人缴费提供资助。补助、资助金额不超过当地设定的最高缴费档次标准。

（3）政府补贴。政府对符合领取城乡居民基本养老保险待遇条件的参保人全额支付基础养老金，其中，中央财政对中西部地区按中央确定的基础养老金标准给予全额补助，对东部地区给予 50% 的补助。

地方人民政府应当对参保人缴费给予补贴，对选择最低档次标准缴费的，补贴标准不低于每人每年 30 元；对选择较高档次标准缴费的，适当增加补贴金额；对选择 500 元及以上档次标准缴费的，补贴标准不低于每人每年 60 元，具体标准和办法由省（区、市）人民政府确定。对重度残疾人等缴费困难群体，地方人民政府为其代缴部分或全部最低标准的养老保险费。

### 3. 建立个人账户

国家为每个参保人员建立终身记录的养老保险个人账户，个人缴费、地方人民政府对参保人的缴费补贴、集体补助及其他社会经济组织、公益慈善组织、个人对参保人的缴费资助，全部记入个人账户。个人账户储存额按国家规定计息。

### 4. 待遇及调整

城乡居民基本养老保险待遇由基础养老金和个人账户养老金构成，支付终身。

（1）基础养老金。中央确定基础养老金最低标准，建立基础养老金最低标准正常调整机制，根据经济发展和物价变动等情况，适时调整全国基础养老金最低标准。地方人民政府可以根据实际情况适当提高基础养老金标准；对长期缴费的，可适当加发基础养老金，提高和加发部分的资金由地方人民政府支出，具体办法由省（区、市）人民政府规定，并报人力资源和社会保障部备案。

（2）个人账户养老金。个人账户养老金的月计发标准，目前为个人账户全部储存额除以139（与现行职工基本养老保险个人账户养老金计发系数相同）。参保人死亡，个人账户资金余额可以依法继承。

**5. 领取条件**

参加城乡居民基本养老保险的个人，年满60周岁、累计缴费满15年，且未领取国家规定的基本养老保障待遇的，可以按月领取城乡居民基本养老保险待遇。

新农保或城居保制度实施时已年满60周岁，在2014年2月21日之前未领取国家规定的基本养老保障待遇的，不用缴费，自2014年2月起，可以按月领取城乡居民基本养老保险基础养老金；距规定领取年龄不足15年的，应逐年缴费，也允许补缴，累计缴费不超过15年；距规定领取年龄超过15年的，应按年缴费，累计缴费不少于15年。

城乡居民基本养老保险待遇领取人员死亡的，从次月起停止支付其养老金。有条件的地方人民政府可以结合本地实际探索建立丧葬补助金制度。社会保险经办机构应每年对城乡居民养老保险待遇领取人员进行核对；村（居）民委员会要协助社会保险经办机构开展工作，在行政村（社区）范围内对参保人待遇领取资格进行公示，并与职工基本养老保险待遇等领取记录进行比对，确保不重、不漏、不错。

### 国内热点 4-1

**专属商业养老保险**

2021年5月银保监会印发通知，决定自2021年6月1日起，在浙江省（含宁波市）和重庆市开展专属商业养老保险试点。试点期限暂定一年。

参与试点的保险公司包括：中国人民人寿保险股份有限公司、中国人寿保险股份有限公司、太平人寿保险有限公司、中国太平洋人寿保险股份有限公司、泰康人寿保险有限责任公司、新华人寿保险股份有限公司。

《中国银保监会办公厅关于开展专属商业养老保险试点的通知》指出，试点保险公司应创新开发投保简便、交费灵活、收益稳健的专属商业养老保险产品。消费者达到60周岁及以上方可领取养老金，且领取期限不短于10年。

通知要求，试点保险公司应积极探索服务新产业、新业态从业人员和各种灵活就业人员养老需求。探索建立与专属商业养老保险业务长期发展相适应的内部管理机制，包括长期销售激励考核机制、风险管控机制和较长期限的投资考核机制等。

通知明确,在风险有效隔离的前提下,鼓励试点保险公司积极探索将专属商业养老保险业务发展与养老、照护服务等相衔接,满足差异化养老需求。

银保监会有关部门负责人表示,专属商业养老保险是第三支柱养老保险的组成部分。开展专属商业养老保险试点,有利于丰富第三支柱养老保险产品供给,巩固多层次、多支柱养老保险体系,满足人民群众多样化养老保障需求。

## 国内热点 4-2

### 人社部正研究延迟退休具体改革方案

人力资源和社会保障部副部长游钧 2021 年 2 月 26 日在国新办发布会上表示,人社部正在会同相关部门研究延迟退休具体的改革方案。

"十四五"规划建议提出,实施渐进式延迟法定退休年龄。"这是从我国经济社会发展全局出发做出的一个重大决策,既有助于我国人力资源的充分利用,也有利于增强社会保障制度的可持续性,更好地保障人民群众基本生活。"游钧说。在他看来,我国现行法定退休年龄规定男职工 60 周岁,女干部 55 周岁,女工人 50 周岁,是在新中国成立初期根据当时的人均预期寿命、劳动条件、用工方式等诸多因素确定的。现在我国经济社会发生了巨大变化,退休年龄总体偏低的问题就显得十分突出。他表示,退休年龄一是与人均预期寿命不匹配。我国人均预期寿命在新中国成立之初是 40 岁左右,到 2019 年已经提高到 77.3 岁。城镇居民人均预期寿命更高,已经超过了 80 岁。二是不适应人口结构的变化和老龄化的发展趋势。预计"十四五"期间,我国老年人口将超过 3 亿人,从轻度老龄化进入到中度老龄化阶段,这样的变化对经济社会的发展影响深远。三是不适应劳动力供求关系的变化。我国劳动年龄人口数量从 2012 年开始出现下降,年均减少 300 万人以上,并且减少幅度在加大,预计"十四五"期间还将减少 3500 万人。四是造成人力资源的浪费。我国新增劳动力中,接受过高等教育的比例已经超过了一半,平均受教育的年限延长到了 13.7 年,人们开始工作的年龄也相应推后。在退休年龄不变的情况下,平均工作年限自然就会缩短,导致人力资源的浪费、人力资本利用率的下降。特别是在高校、医院、科研机构和一些高新技术产业,这些高学历人员集中的行业和单位,情况尤为突出。

"从国际上来看,延迟退休年龄是世界各国应对人口老龄化的普遍做法。目前世界主要经济体的退休年龄普遍都在 65 岁以上。"游钧说,"我们的方案既要借鉴国际上通行的做法和经验,更要充分考虑我国的现实国情、文化传统以及历史沿革。只有立足国情的方案,才会是最佳的方案。"

## 二、基本医疗保险

基本医疗保险制度包含职工基本医疗保险制度、新型农村合作医疗制度和城镇居民基本医疗保险制度，而现阶段新型农村合作医疗制度和城镇居民基本医疗保险制度合并成为城乡居民基本医疗保险制度。

1998年我国开始建立城镇职工基本医疗保险制度。

2002年10月，党中央、国务院明确提出各级政府要积极引导农民建立以大病统筹为主的新型农村合作医疗制度。之后为实现基本建立覆盖城乡全体居民的医疗保障体系的目标，国务院决定，从2007年起开展城镇居民基本医疗保险试点。

2016年1月12日，国务院又印发了《关于整合城乡居民基本医疗保险制度的意见》要求，进而推进新型农村合作医疗制度和城镇居民基本医疗保险制度整合，逐步在全国范围内建立起统一的城乡居民医保制度。

### （一）职工基本医疗保险制度

**1. 覆盖范围**

城镇所有用人单位，包括企业（国有企业、集体企业、外商投资企业、私营企业等）、机关、事业单位、社会团体、民办非企业单位及其职工，都要参加基本医疗保险。乡镇企业及其职工、城镇个体经济组织业主及其从业人员是否参加基本医疗保险，由各省、自治区、直辖市人民政府决定。

**2. 基本医疗保险基金构成**

基本医疗保险基金由统筹基金和个人账户构成。2021年4月印发的《关于建立健全职工基本医疗保险门诊共济保障机制的指导意见》中的相关规定如下：

在职职工个人账户由个人缴纳的基本医疗保险费计入，计入标准原则上控制在本人缴费基数的2%，单位缴纳的基本医疗保险费全部计入统筹基金。退休人员个人账户原则上由统筹基金按定额划入，划入额度逐步调整到统筹地区根据该意见实施改革当年基本养老金平均水平的2%左右。个人账户的具体划入比例或标准，由省级医保部门会同财政部门按照以上原则，指导统筹地区结合本地实际研究确定。调整统筹基金和个人账户结构后，增加的统筹基金主要用于门诊共济保障，提高参保人员门诊待遇。

个人账户主要用于支付参保人员在医保政策范围内自付费用。可以用于支付参保人员本人及其配偶、父母、子女在定点医疗机构就医发生的由个人负担的医疗费用，以及在定点零售药店购买药品、医疗器械、医用耗材发生的由个人负担的费用。探索个人账户用于配偶、父母、子女参加城乡居民医保等的个人缴费。不得用于公共卫生费用、体育健身或养生保健消费等不属于基本医疗保险保障范围的支出。

建立对个人账户全流程动态管理机制，加强对个人账户使用、结算等环节的审核。强化对医疗行为和医疗费用的监管，严肃查处"挂床"住院、诱导住院等违法违规行为。建立医保基金安全防控机制，严厉打击欺诈骗保行为，确保基金安全高效、合理使用。创新门诊就医服务管理办法，健全医疗服务监控、分析和考核体系，引导定点医疗机构规范提供诊疗服务。加快全国统一的医疗保障信息平台建设，推进门诊费用异地就医直接结算。通过协同推动基层医疗服务体系建设、完善家庭医生签约服务、规范长期处方管理等，引导参保人员在基层就医首诊。结合完善门诊慢特病管理措施，规范基层定点医疗机构诊疗及转诊等行为。

**3. 医疗服务管理**

要确定基本医疗保险的服务范围和标准。人社部会同有关部门制定基本医疗服务的范围、标准和医药费用结算办法，制定国家基本医疗保险药品目录、诊疗项目、医疗服务设施标准及相应的管理办法。

基本医疗保险实行定点医疗机构（包括中医医院）和定点药店管理。人社部会同有关部门制定定点医疗机构和定点药店的资格审定办法。在确定定点医疗机构和定点药店时，要引进竞争机制，职工可选择若干定点医疗机构就医、购药，也可持处方在若干定点药店购药。探索将符合条件的"互联网+"医疗服务纳入保障范围。

普通门诊统筹覆盖职工医保全体参保人员，政策范围内支付比例从50%起步，可适当向退休人员倾斜。逐步扩大由统筹基金支付的门诊慢性病、特殊疾病病种范围，将部分治疗周期长、对健康损害大、费用负担重的疾病门诊费用纳入共济保障。

社区卫生服务中的基本医疗服务项目纳入基本医疗保险范围。

## （二）新型农村合作医疗制度

**1. 保障对象**

新型农村合作医疗（简称"新农合"）制度是指由政府组织、引导、支持，农民自愿参加，个人、集体和政府多方筹资，以大病统筹为主的农民医疗互助共济制度。其采取个人缴费、集体扶持和政府资助的方式筹集资金。

**2. 新型农村合作医疗制度的发展过程**

2002年10月，党中央、国务院明确提出各级政府要积极引导农民建立以大病统筹为主的新型农村合作医疗制度。

2009年，我国做出深化医药卫生体制改革的重要战略部署，确立新农合作为农村基本医疗保障制度的地位。

## （三）城镇居民基本医疗保险制度

城镇居民基本医疗保险制度是以没有参加城镇职工基本医疗保险的城镇未成年人和没有工作的居民为主要参保对象的医疗保险制度。它是继城镇职工基本医疗保险制度和新型农村合作医疗制度推行后，党中央、国务院进一步解决广大人民群众医疗保障问题，不断完善医疗保障制度的重大举措。它主要是对城镇非从业居民医疗保险做了制度安排。

### 1. 保障对象

不属于城镇职工基本医疗保险制度覆盖范围的中小学阶段的学生（包括职业高中、中专、技校学生）、少年儿童和其他非从业城镇居民都可自愿参加城镇居民基本医疗保险。

### 2. 筹资水平

根据当地的经济发展水平以及成年人和未成年人等不同人群的基本医疗消费需求，并考虑当地居民家庭和财政的负担能力，恰当确定筹资水平；探索建立筹资水平、缴费年限和待遇水平相挂钩的机制。

### 3. 缴费和补助

城镇居民基本医疗保险以家庭缴费为主，政府给予适当补助。参保居民按规定缴纳基本医疗保险费，享受相应的医疗保险待遇，有条件的用人单位可以对职工家属参保缴费给予补助。国家对个人缴费和单位补助资金制定税收鼓励政策。

### 4. 费用支付

城镇居民基本医疗保险基金重点用于参保居民的住院和门诊大病医疗支出，有条件的地区可以逐步试行门诊医疗费用统筹。

城镇居民基本医疗保险基金的使用要坚持以收定支、收支平衡、略有结余的原则。要合理制定城镇居民基本医疗保险基金起付标准、支付比例和最高支付限额，完善支付办法，合理控制医疗费用。探索适合困难城镇非从业居民经济承受能力的医疗服务和费用支付办法，减轻他们的医疗费用负担。城镇居民基本医疗保险基金用于支付规定范围内的医疗费用，其他费用可以通过补充医疗保险、商业健康保险、医疗救助和社会慈善捐助等方式解决。

### 5. 组织管理

对城镇居民基本医疗保险的管理，原则上参照城镇职工基本医疗保险的有关规定执行。各地充分利用现有管理服务体系，改进管理方式，提高管理效率。鼓励有条件的地区结合城镇职工基本医疗保险和新型农村合作医疗管理的实际，进一步整合基本医疗保障管理资源。

### 6. 基金管理

城镇居民基本医疗保险基金纳入社会保障基金财政专户统一管理，单独列账。按照社会保险基金管理等有关规定，严格执行财务制度，加强对基本医疗保险基金的管理和监督。

## （四）城乡居民基本医疗保险（"新农合"与城镇居民基本医疗保险合并）

### 1. 城乡居民基本医疗保险建立的政策依据

2016年1月，国务院出台了国发（2016）3号文件，即《国务院关于整合城乡居民基本医疗保险制度的意见》，将原来新农合、城镇居民基本医疗保险整合为城乡统一的城乡居民基本医疗保险。随着城乡居民基本医疗保险制度的建立，以前我国存在的三大医疗保险格局将逐步消除，新农合和城镇居民基本医疗保险、职工基本医疗保险共存的三角格局将被彻底打破，取而代之的是城镇职工基本医疗保险和城乡居民基本医疗保险两大保险种类。

**2. 城乡居民基本医疗保险和新农合的主要区别**

城乡居民基本医疗保险和新农合，综合起来存在以下主要区别：

（1）整合后的城乡居民基本医疗保险，既包含了新农合，也包含了城镇居民基本医疗保险，城乡居民基本医疗保险的外延和内涵更加丰富，新农合属于城乡居民基本医疗保险中包含的内容之一。

（2）从参保对象来看，城乡居民基本医疗保险既包含了农村居民，同时也包含了城镇居民，所有的城乡居民都可以参加城乡居民基本医疗保险，享受城乡居民基本医疗保险的报销待遇，新农合的参保对象只是针对农村居民，而城镇居民是不允许参加新农合的。

（3）从统筹层次来看，城乡居民基本医疗保险的统筹层次更高，属于地市级统筹，在一个地级市范围内，都可以在全市范围内选择定点的医疗机构住院看病。新农合属于县级统筹，统筹层次比较低，只能在县内住院就医，如果要到更高一级医疗机构看病，需要逐级转诊。

（4）报销比例的区别。新农合由于受到参保人数、缴费标准的限制，医疗统筹基金相对比较少，所以新农合在三甲医院的报销比例比较低，普遍只有30%左右；城乡居民基本医疗保险，由于医疗统筹基金是在一个地市的范围内统一收缴，统一使用，报销比例普遍可以达到50%左右，今后逐渐可以达到70%左右。

**3. 城乡居民基本医疗保险制度发展现状**

国家医疗保障局会同财政部、国家税务总局印发《关于做好2021年城乡居民基本医疗保障工作的通知》（医保发〔2021〕32号，以下简称《通知》），贯彻落实《中共中央国务院关于深化医疗保障制度改革的意见》和2021年《政府工作报告》有关要求，对进一步做好2021年城乡居民医疗保障工作做出部署。

（1）继续提高城乡居民基本医保筹资标准，稳步提升医疗保障水平。2021年居民医保人均财政补助标准新增30元，达到每人每年不低于580元；同步提高个人缴费标准40元，达到每人每年320元。加强基本医保、大病保险和医疗救助三重保障制度衔接，充分发挥综合保障功能。抓好高血压、糖尿病"两病"门诊用药保障政策落实，健全重特大疾病医疗保险和救助制度，规范待遇享受等待期。

（2）巩固拓展医保脱贫成果，有效衔接乡村振兴战略。逐步实现由集中资源支持脱贫攻坚向统筹三重制度常态化保障平稳过渡。严格落实"四不摘"要求，保持医疗保障主要帮扶政策总体稳定，分类落实好脱贫人口各项医疗保障待遇，实事求是确定待遇标准，确保政策平稳衔接、制度可持续，建立防范化解因病返贫致贫长效机制，统筹完善托底保障措施。

（3）推进医保支付方式改革、常态化开展药品集中带量采购、加强医保基金监管，不断提高居民医保基金使用效率。推动DRG和DIP试点城市实际付费，健全谈判药品落地监测机制。做好国家组织药品耗材集采落地实施，建立医药价格和招采信用评价制度。抓好《医疗保障基金使用监督管理条例》贯彻落实。巩固提升统筹层次，全面做实市地级统筹，积极稳妥推动省级统筹。

（4）加强医保公共管理服务，强化服务意识，优化服务方式。继续做好新冠肺炎患者医疗费用结算，及时结算新冠疫苗及接种费用。全面落实经办政务服务事项清单，增强基层医疗保障公共服务能力。完善门诊费用跨省直接结算服务。坚持传统服务方式与智能服务方式创新并行，提高线上服务适老化水平，优化线下服务模式，更好地为人民群众提供公平可及、便捷高效、温暖舒心的医疗保障服务。

## 国内热点 4-3

### 疾病诊断相关分组（DRG）付费

2019 年国家医保局等四部委颁发《关于印发按疾病诊断相关分组付费国家试点城市名单的通知》，确定在全国选择 30 个城市作为疾病诊断相关分组（DRG）付费改革试点，2020 年模拟运行，2021 年全面实行。各试点城市及所在省份要在国家 DRG 付费试点工作组的统一领导下，按照"顶层设计、模拟测试、实际付费"三步走的思路，确保完成各阶段的工作任务。

以探索建立 DRG 付费体系为突破口，实行按病种付费为主的多元复合支付方式，有助于医保支付方式改革向纵深推进。

（1）健全 DRG 付费的信息系统。各试点城市要在统一使用国家制定的疾病诊断、手术操作、药品、医用耗材和医疗服务项目编码的基础上，根据 DRG 付费的要求，完善医保付费信息系统，处理好与试点医疗机构的数据接口，确保试点医疗机构与医保支付系统的顺畅对接。

（2）制定用于医保支付的 DRG 分组。各试点城市要按照国家制定的 DRG 分组技术规范的要求，在核心 DRG（A-DRG）的基础上，根据当地实际，制定地方 DRG 分组体系和费率权重测算等技术标准，实现医保支付使用的 DRG 分组框架全国基本统一。

（3）统一 DRG 医保信息采集。各试点城市要按照国家试点工作组的要求和医保信息采集标准，组织医保经办机构和医疗机构上报前三年基本数据。在模拟测试阶段，按照国家统一的医保信息采集标准采集医疗机构相关数据，并统一报送。

（4）不断完善医保支付政策和经办管理流程。各试点城市及所在省份要按照国家 DRG 付费工作组的要求，参与和配合医保支付政策和经办管理流程的制定工作，并根据当时实际进一步完善医保支付政策、经办管理流程和定点管理协议，不断健全 DRG 支付体系。

（5）加强对医保定点医疗机构的管理。要指导参与 DRG 试点的医疗机构完善内部医疗管理制度，强化医疗行为、病案编码、服务质量等方面的监管，健全以保证质量、控制成本、规范诊疗、提高医务人员积极性为核心的管理机制，充分发挥医保支付的激励约束作用。

各试点城市在开展 DRG 试点的同时,要进一步完善医保总额预算管理制度,对不能采用 DRG 结算的病例,进一步推进依据大数据的按病种付费、按床日付费和按人头付费工作,建立多元复合医保支付体系。

在 DRG 付费国家试点工作组的统一领导下,要健全完善的工作机制,确保试点取得成效。

一是建立逐级培训工作机制。国家将组织开展对省级、试点城市医保部门的骨干人员和核心专家进行培训。各省(区、市)和试点城市负责对相关部门其他人员、医疗机构人员、地方有关专家的培训。要切实做到参加 DRG 付费国家试点工作的所有人员都培训到位。

二是建立定期评估工作机制。按照 DRG 付费国家试点工作安排和时间节点,对各地试点工作开展情况进行评估。定期形成 DRG 效果评价报告,给出下一步工作的意见和建议。做好模拟运行、实际付费等阶段性评估工作,严格把关,稳妥推进。各地要开展日常质量控制工作,负责对 DRG 分组等进行大数据统计分析,开展动态维护。

三是建立定期报告工作机制。及时总结交流试点城市的经验做法,逐级上报。实行重要政策文件、技术规范报送制度。实行 DRG 付费国家试点简报制度。每年通过经验交流会、现场会、专题培训班等形式,推广好经验好做法。

四是建立沟通协调工作机制。试点城市及所在省份医保、财政、卫生健康、中医药管理等部门加强沟通协调,及时研究处理试点中存在的问题,采取针对性措施;与 DRG 付费国家试点工作组建立密切交流机制,形成合力,共同谋划、推进工作。

为加强与各试点城市及所在省份的联系,各省级医保部门指定 1 名联络员,试点城市指定 1 名医保部门联络员和 1 名医疗机构联络员。

### 三、工伤保险

#### (一)保障对象

我国境内的企业、事业单位、社会团体、民办非企业单位、基金会、律师事务所、会计师事务所等组织和有雇工的个体工商户(以下称用人单位)应当依照《工伤保险条例》规定参加工伤保险,为本单位全部职工或者雇工(以下称职工)缴纳工伤保险费。

#### (二)工伤保险基金

工伤保险基金由用人单位缴纳的工伤保险费、工伤保险基金的利息和依法纳入工伤保险基金的其他资金构成。工伤保险基金逐步实行省级统筹。工伤保险基金存入社会保障基金财政专户,用于《工伤保险条例》规定的工伤保险待遇,劳动能力鉴定,工伤预防的宣传、培训等费用,以及法律、法规规定的用于工伤保险的其他费用的支付。

工伤保险基金应当留有一定比例的储备金,用于统筹地区重大事故的工伤保险待遇支付;储备金不足支付的,由统筹地区的人民政府垫付。储备金占基金总额的具体比例和储备金的使用办法，由省、自治区、直辖市人民政府规定。

（三）工伤保险费

工伤保险费根据以支定收、收支平衡的原则，确定费率。国家根据不同行业的工伤风险程度确定行业的差别费率，并根据工伤保险费使用、工伤发生率等情况在每个行业内确定若干费率档次。行业差别费率及行业内费率档次由国务院社会保险行政部门制定，报国务院批准后公布施行。

统筹地区经办机构根据用人单位工伤保险费使用、工伤发生率等情况，适用所属行业内相应的费率档次确定单位缴费费率。

国务院社会保险行政部门应当定期了解全国各统筹地区工伤保险基金收支情况，及时提出调整行业差别费率及行业内费率档次的方案，报国务院批准后公布施行。

用人单位应当按时缴纳工伤保险费。职工个人不缴纳工伤保险费。用人单位缴纳工伤保险费的数额为本单位职工工资总额乘以单位缴费费率之积。对难以按照工资总额缴纳工伤保险费的行业，其缴纳工伤保险费的具体方式，由国务院社会保险行政部门规定。

（四）工伤认定

职工有下列情形之一的，应当认定为工伤：

（1）在工作时间和工作场所内，因工作原因受到事故伤害的。

（2）工作时间前后在工作场所内，从事与工作有关的预备性或者收尾性工作受到事故伤害的。

（3）在工作时间和工作场所内，因履行工作职责受到暴力等意外伤害的。

（4）患职业病的。

（5）因工外出期间，由于工作原因受到伤害或者发生事故下落不明的。

（6）在上下班途中，受到非本人主要责任的交通事故或者城市轨道交通、客运轮渡、火车事故伤害的。

（7）法律、行政法规规定应当认定为工伤的其他情形。

职工有下列情形之一的，视同工伤：

（1）在工作时间和工作岗位，突发疾病死亡或者在48小时之内经抢救无效死亡的。

（2）在抢险救灾等维护国家利益、公共利益活动中受到伤害的。

（3）职工原在军队服役，因战、因公负伤致残，已取得革命伤残军人证，到用人单位后旧伤复发的。

职工有视同工伤中第1项、第2项情形的，按照《工伤保险条例》的有关规定享受工伤保险待遇；职工有视同工伤中第3项情形的，按照《工伤保险条例》的有关规定享受除一次性伤残补助金以外的工伤保险待遇。

有下列情形之一的，不得认定为工伤或者视同工伤：

（1）故意犯罪的。
（2）醉酒或者吸毒的。
（3）自残或者自杀的。

职工发生事故伤害或者按照职业病防治法规定被诊断、鉴定为职业病，所在单位应当自事故伤害发生之日或者被诊断、鉴定为职业病之日起30日内，向统筹地区社会保险行政部门提出工伤认定申请。遇有特殊情况，经报社会保险行政部门同意，申请时限可以适当延长。

用人单位未按前款规定提出工伤认定申请的，工伤职工或者其近亲属、工会组织在事故伤害发生之日或者被诊断、鉴定为职业病之日起1年内，可以直接向用人单位所在地统筹地区社会保险行政部门提出工伤认定申请。应当由省级社会保险行政部门进行工伤认定的事项，根据属地原则由用人单位所在地的设区的市级社会保险行政部门办理。

用人单位未在规定的时限内提交工伤认定申请，在此期间发生符合《工伤保险条例》规定的工伤待遇等有关费用由该用人单位负担。

提出工伤认定申请应当提交下列材料：
（1）工伤认定申请表。
（2）与用人单位存在劳动关系（包括事实劳动关系）的证明材料。
（3）医疗诊断证明或者职业病诊断证明书（或者职业病诊断鉴定书）。

职工或者其近亲属认为是工伤，用人单位不认为是工伤的，由用人单位承担举证责任。

社会保险行政部门应当自受理工伤认定申请之日起60日内做出工伤认定的决定，并书面通知申请工伤认定的职工或者其近亲属和该职工所在单位。

社会保险行政部门对受理的事实清楚、权利义务明确的工伤认定申请，应当在15日内做出工伤认定的决定。

做出工伤认定决定需要以司法机关或者有关行政主管部门的结论为依据的，在司法机关或者有关行政主管部门尚未做出结论期间，做出工伤认定决定的时限中止。

社会保险行政部门工作人员与工伤认定申请人有利害关系的，应当回避。

### （五）劳动能力鉴定

职工发生工伤，经治疗伤情相对稳定后存在残疾、影响劳动能力的，应当进行劳动能力鉴定。劳动能力鉴定是指劳动功能障碍程度和生活自理障碍程度的等级鉴定。

劳动功能障碍分为十个伤残等级，最重的为一级，最轻的为十级。

生活自理障碍分为三个等级：生活完全不能自理、生活大部分不能自理和生活部分不能自理。

劳动能力鉴定标准由国务院社会保险行政部门会同国务院卫生行政部门等部门制定。

劳动能力鉴定由用人单位、工伤职工或者其近亲属向设区的市级劳动能力鉴定委员会提出申请，并提供工伤认定决定和职工工伤医疗的有关资料。

（六）保险待遇

职工因工作遭受事故伤害或者患职业病进行治疗，享受工伤医疗待遇。

职工治疗工伤应当在签订服务协议的医疗机构就医，情况紧急时可以先到就近的医疗机构急救。

治疗工伤所需费用符合工伤保险诊疗项目目录、工伤保险药品目录、工伤保险住院服务标准的，从工伤保险基金支付。

职工住院治疗工伤的伙食补助费，以及经医疗机构出具证明，报经办机构同意，工伤职工到统筹地区以外就医所需的交通、食宿费用从工伤保险基金支付，基金支付的具体标准由统筹地区人民政府规定。

工伤职工治疗非工伤引发的疾病，不享受工伤医疗待遇，按照基本医疗保险办法处理。

工伤职工到签订服务协议的医疗机构进行工伤康复的费用，符合规定的，从工伤保险基金支付。

## 四、失业保险

失业保险制度是指国家通过立法强制实行的，由用人单位、职工个人缴费及国家财政补贴等渠道筹集资金建立失业保险基金，对因失业而暂时中断生活来源的劳动者提供物质帮助以保障其基本生活，并通过专业训练、职业介绍等手段为其再就业创造条件的制度。

失业保险基金是社会保险基金中的一种专项基金，具有如下特点：

（1）普遍性。它主要是为了保障有工资收入的劳动者失业后的基本生活而建立的，其覆盖范围包括劳动力队伍中的大部分成员。因此，在确定适用范围时，参保单位应不分部门和行业，不分所有制性质，其职工应不分用工形式，不分家居城镇、农村，解除或终止劳动关系后，只要本人符合条件，都有享受失业保险待遇的权利。

（2）强制性。它是通过国家制定法律、法规来强制实施的。按照规定，在失业保险制度覆盖范围内的单位及其职工必须参加失业保险并履行缴费义务。根据有关规定，不履行缴费义务的单位和个人都应当承担相应的法律责任。

（3）互济性。失业保险基金主要来源于社会筹集，由单位、个人和国家三方共同负担，缴费比例、缴费方式相对稳定，筹集的失业保险费，不分来源渠道，不分缴费单位的性质，全部并入失业保险基金，在统筹地区内统一调度使用以发挥互济功能。

### 1. 保障对象

在我国，失业人员在满足：非因本人意愿中断就业、已办理失业登记、有求职要求，按照规定参加失业保险、所在单位和本人已按照规定履行缴费义务满1年，这三个条件后，方可享受失业保险待遇。

### 2. 保险待遇

失业保险待遇内容主要涉及以下几个方面：

（1）按月领取的失业保险金，即失业保险经办机构按照规定支付给符合条件的失业人员的基本生活费用。

（2）领取失业保险金期间的医疗补助金，即支付给失业人员领取失业保险金期间发生的医疗费用的补助。

（3）失业人员在领取失业保险金期间死亡的丧葬补助金和供养其配偶、直系亲属的抚恤金。

（4）为失业人员在领取失业保险金期间开展职业培训、介绍的机构或接受职业培训、介绍的本人给予补偿，帮助其再就业。

### 3. 保费缴纳

根据《失业保险条例》对失业保险费缴纳的规定，城镇企业事业单位应按照本单位工资总额的2%缴纳失业保险费。单位职工按照本人工资的1%缴纳失业保险费。城镇企业事业单位招用的农民合同制工人本人不缴纳失业保险费。

### 4. 保险金领取

失业人员同时具备以下条件，即可享受失业保险待遇：

（1）按规定参加失业保险，所在单位和个人已按规定履行缴费义务满1年。

（2）非因本人意愿中断就业的。

（3）已办理失业登记，并有求职要求的。

属于非本人意愿中断就业的情况：

（1）终止劳动合同的。

（2）被用人单位解除劳动合同的。

（3）被用人单位开除、除名和辞退的。

（4）因用人单位以暴力、威胁或者非法限制人身自由的手段强迫劳动、与用人单位解除劳动合同的。

（5）因用人单位未按照劳动合同约定支付劳动报酬或者提供劳动条件，与用人单位解除劳动合同的。

（6）法律法规另有规定的。

失业保险金的领取期限：

《社会保险法》第四十六条规定："失业人员失业前用人单位和本人累计缴费满一年不足五年的，领取失业保险金的期限最长为十二个月；累计缴费满五年不足十年的，领取失业保险金的期限最长为十八个月；累计缴费十年以上的，领取失业保险金的期限最长为二十四个月。重新就业后，再次失业的，缴费时间重新计算，领取失业保险金的期限与前次失业应当领取而尚未领取的失业保险金的期限合并计算，最长不超过二十四个月。"

失业者领取失业保险金并没有等待期，但是有最长给付期。在实务中，各地可能根据失业者缴费时间的长短，在同一档次内适当拉开失业保险金的领取期限。

领取失业保险金的次数限制：

申领失业保险金没有次数限制。只要符合《社会保险法》和相关法律法规中规定的失业保险金的领取条件，就可以领取失业保险金，而不管劳动者领取的次数多少。

> **国内热点 4-4**
>
> **北京市上调失业保险金**
>
> 为保障失业人员在失业期间的基本生活，根据《北京市失业保险规定》（北京市人民政府令第190号），结合北京市实际情况，经市委、市政府批准，失业保险金月发放标准在现行基础上，每档增加218元。
>
> 失业保险金调整后的标准：
>
> （1）累计缴费时间满1年不满5年的，失业保险金月发放标准为2034元。
>
> （2）累计缴费时间满5年不满10年的，失业保险金月发放标准为2061元。
>
> （3）累计缴费时间满10年不满15年的，失业保险金月发放标准为2088元。
>
> （4）累计缴费时间满15年不满20年的，失业保险金月发放标准为2115元。
>
> （5）累计缴费时间满20年以上的，失业保险金月发放标准为2143元。
>
> （6）从第13个月起，失业保险金月发放标准一律按2034元发放。
>
> 调整后的失业保险金发放标准自2021年8月1日起执行。

### 五、生育保险

生育保险是国家通过立法，在怀孕和分娩的妇女劳动者暂时中断劳动时，由国家和社会提供医疗服务、生育津贴和产假的一种社会保险制度。

2019年3月，国务院办公厅印发了《关于全面推进生育保险和职工基本医疗保险合并实施的意见》。2019年底前我国基本实现了生育保险和职工基本医疗保险合并实施。

#### （一）保障对象

凡是与用人单位建立了劳动关系的职工，包括男职工，都应当参加生育保险。

#### （二）保费缴纳

保费由用人单位按照国家规定缴纳，职工不缴纳生育保险费。

#### （三）享受条件

职工享受生育保险待遇，应当同时具备下列条件：

（1）用人单位已为职工缴纳一定时间的社保。

（2）已办理参保备案，并在当地生育。

(3) 当地人社局要求的其他条件。

### (四) 保险待遇

**1. 生育医疗费**

女职工生育的检查费、接生费、手术费、住院费和药费由生育保险基金支付。超出规定的医疗业务费和药费（含自费药品和营养药品的药费）由职工个人负担。

女职工生育出院后，因生育引起疾病的医疗费，由生育保险基金支付；其他疾病的医疗费，按照医疗保险待遇的规定办理。女职工产假期满后，因病需要休息治疗的，按照有关病假待遇和医疗保险待遇规定办理。

**2. 生育津贴**

女职工依法享受产假期间的生育津贴，按本企业上年度职工月平均工资计发，由生育保险基金支付。

**3. 一次性分娩营养补助费**

按所属统筹地区上年度在岗职工月平均工资的一定比例计发。具体比例由统筹地区人民政府确定。

**4. 计划生育手术费用**

包括职工因为计划生育实施放置或者取出宫内节育器、流产术、引产术、绝育及复通手术所发生的医疗费用。

**5. 男职工假期津贴**

已参保的男职工按规定享受的看护假假期津贴，以所属统筹地区上年度在岗职工月平均工资为基数，按规定的假期时间计发。

生育保险基金不予支付下列费用：

（1）不符合国家和省城镇职工基本医疗保险和生育保险的药品目录、诊疗项目、医疗服务设施项目及相关就医管理规定的费用。

（2）因为医疗事故发生的费用。

（3）分娩期外治疗生育并发症的费用。

> **国内热点 4-5**

### 国家实施三孩生育政策配套支持措施

2021年7月20日，《中共中央 国务院关于优化生育政策促进人口长期均衡发展的决定》（以下简称《决定》）正式发布，做出实施三孩生育政策及配套支持措施的重大决策，这是党的十八大以来，我国继单独两孩和全面两孩之后的又一重大生育政策调整。21日上午，国新办举行新闻发布会,来自国家卫健委、发改委、教育部和民政部的相关负责人回应社会关切,围绕《决定》内容进行了解读。

"《决定》不仅是一项生育政策,也是经济社会发展和保障改善民生的综合性大政策和系统工程。"国家卫健委副主任于学军说,总体来看,呈现出三个突出特点:一是优化。《决定》部署了一揽子支持措施,提出了系列优化组合政策。本次优化生育政策不仅仅是简单地从二孩到三孩的数量调整,更重要的是全面部署配套支持政策。二是包容。增强生育政策包容性是党的十九届五中全会提出的要求。《决定》提出,取消社会抚养费等制约措施,清理和废止相关处罚规定,入户、入学、入职等与个人生育情况全面脱钩。这是顺应新时代人口发展战略要求,对工作思路和工作方法的一次重大改革。三是保障。《决定》要求,对计划生育家庭继续实行现行各项奖励扶助制度和优惠政策,特别是对计划生育特殊家庭建立健全全方位的帮扶保障制度。

随着经济社会发展,人们的生育观念已有所变化。相关调查显示,养育成本的快速提高是当下人口生育面临的主要矛盾。经济负担、子女照料、女性对职业发展的担忧等都成为"不愿生""不敢生"等制约生育的主要因素。针对这一问题,《决定》明确了将配套支持措施和三孩生育政策作为一个整体组合提出,要求将婚嫁、生育、养育、教育一体考虑,提出了覆盖全生命周期的一揽子支持举措。例如,在促进优生优育方面,《决定》提出,将实施妇女儿童健康服务能力建设相关工程,扩大妇幼健康服务供给;实施母婴安全提升行动计划、健康儿童行动提升计划和母乳喂养促进行动;扩大新生儿疾病筛查病种范围;开展孕育能力提升专项攻关,建设供需平衡、布局合理的人类辅助生殖技术服务体系,规范不孕不育诊治服务。

在社会高度关注的减轻教育负担方面,《决定》提出,推动城镇小区配套幼儿园治理,持续提升普惠性幼儿园覆盖率,改进校内教学质量和教育评价,全面开展课后文体活动、社会实践项目和托管服务,推动放学时间与父母下班时间衔接,严格规范校外培训等。此外,在完善生育休假与生育保险制度,加强税收、住房等支持政策,保障女性就业合法权益等方面,也都将研究制定一系列政策措施。

在诸多制约生育的因素中,婴幼儿无人照料、托育难等问题较为突出。因此,在扩大托育服务方面,《决定》强调,将制定托育服务发展相关专项规划,开展普惠托育专项行动,推动城市制定整体解决方案,支持有条件的用人单位为职工提供托育服务等。同时,将进一步提高学前教育的普及普惠水平。

## 六、长期护理保险(目前只是在若干城市试点)

长期护理保险是指因年老、疾病、伤残等原因导致失能,为长期失能人员基本生活照料和与基本生活密切相关的医疗护理提供资金或服务保障的社会保险制度,是独立于其他社会保险的一个新险种。长期护理保险真正推广实施后,将成为社会保险的"第六险"。

### （一）参保对象和保障范围

试点阶段从职工基本医疗保险参保人群起步，重点解决重度失能人员基本护理保障需求，优先保障符合条件的失能老年人、重度残疾人。有条件的地方可随试点探索深入，综合考虑经济发展水平、资金筹集能力和保障需要等因素，逐步扩大参保对象范围，调整保障范围。

### （二）资金筹集

筹资以单位和个人缴费为主，单位和个人缴费原则上按同比例分担，其中单位缴费基数为职工工资总额，起步阶段可从其缴纳的职工基本医疗保险费中划出，不增加单位负担；个人缴费基数为本人工资收入，可由其职工基本医疗保险个人账户代扣代缴。有条件的地方可探索通过财政等其他筹资渠道，对特殊困难退休职工缴费给予适当资助。建立与经济社会发展和保障水平相适应的筹资动态调整机制。

### （三）待遇支付

长期护理保险基金主要用于支付符合规定的机构和人员提供基本护理服务所发生的费用。经医疗机构或康复机构规范诊疗、失能状态持续6个月以上，经申请通过评估认定的失能参保人员，可按规定享受相关待遇。根据护理等级、服务提供方式等不同实行差别化待遇保障政策，鼓励使用居家和社区护理服务。对符合规定的护理服务费用，基金支付水平总体控制在70%左右。做好长期护理保险与经济困难的高龄、失能老年人补贴以及重度残疾人护理补贴等政策的衔接。

## 本 章 小 结

| 章节知识结构 | | 学习的重点与难点 |
|---|---|---|
| 社会保险概述 | 社会保险的定义<br>社会保险的特征<br>社会保险的功能<br>社会保险在现代社会保障制度中的地位<br>社会保险与商业保险的关系 | 重点：社会保险的定义、作用，社会保险的特征，社会保险的功能<br>难点：社会保险在现代社会保障制度中的地位 |
| 我国社会保险制度 | 基本养老保险：城镇企业职工基本养老保险制度<br>机关事业单位基本养老保险制度<br>城乡居民基本养老保险制度 | 重点：城镇企业职工基本养老金计算方式（新人新制度、老人老办法、中人逐步过渡）<br>难点：城镇企业职工基本养老金计算方式（新人新制度、老人老办法、中人逐步过渡） |
| | 基本医疗保险：职工基本医疗保险制度<br>新型农村合作医疗制度<br>城镇居民基本医疗保险制度<br>城乡居民基本医疗保险 | 重点：职工基本医疗保险制度<br>难点：城乡居民基本医疗保险的保障对象和保障范围 |

（续）

| 章节知识结构 | | | 学习的重点与难点 |
|---|---|---|---|
| 我国社会保险制度 | 工伤保险 | 保障对象<br>工伤保险基金<br>工伤保险费<br>工伤认定<br>劳动能力鉴定<br>保险待遇 | 重点：保障对象、保险待遇<br>难点：工伤认定、劳动能力鉴定 |
| | 失业保险 | 保障对象<br>保险待遇<br>保费缴纳<br>保险金领取 | 重点：保障对象<br>难点：保险待遇、保费缴纳 |
| | 生育保险 | 保障对象<br>保费缴纳<br>享受条件<br>保险待遇 | 重点：保障对象<br>难点：保险待遇 |
| | 长期护理保险 | 参保对象和保障范围<br>资金筹集<br>待遇支付 | 重点：参保对象和保障范围<br>难点：待遇支付 |

**全国电子社保卡突破3亿**

2020年1月底，全国电子社保卡申领突破1亿张；6月底，突破2亿张；到2020年11月20日，电子社保卡再次抵达3亿里程碑！超过1/5的群众已可通过电子社保卡获得贴心便捷的就业、社保线上服务。

2018年4月22日，在福州举办的数字中国峰会上，全国第一张电子社保卡正式发出。同期人力资源和社会保障部建设全国社保卡服务平台，为电子社保卡提供服务支撑。

2019年2月，电子社保卡"扫一扫"可以快捷登录多地的政务服务门户网站。

2019年3月，社保待遇资格认证功能上线，老年人在家就可以完成认证了。同期，移动支付功能上线，多地开通了扫码就医购药服务。

2019年9月，社保权益记录单、养老金测算、境外社保免缴等6类18项全国社保服务上线，动动手指就能享受社保服务了。

2019年12月，社保转移的5项线上服务开通，大大提高了参保人员办理社保转移的效率。同期，亲情服务开通，家里的老人、儿童也能领取电子社保卡了。

2020年2月，电子社保卡紧急上线返岗复工、防疫健康信息码等功能，助力疫情期间"不见面服务"。

2020年6月，失业登记、失业保险待遇申领功能上线，让疫情期间的失业人员有了基本生活保障。职业资格证书查询、劳动人事争议调解申请等服务同期上线。

2020年7月，国家级招聘求职服务平台"就业在线"上线，上线以来访问量达1961万人次，让群众便捷享受一站式就业服务。

2020年9月，电子社保卡官方小程序在微信、支付宝中开通。

2020年10月，职业技能电子培训券在11省51个试点地市开通，劳动者可持券免垫付参加职业技能培训。

截至2020年10月底，全国社保卡持卡人数已达到13.29亿人，覆盖94.9%人口。每5位持卡人中已有1人同时申领了电子社保卡。

电子社保卡服务渠道已开通417个，群众通过自己常用的App或小程序，即可方便获取线上服务。这些渠道包括国家政务服务平台，国务院客户端微信小程序，电子社保卡小程序，掌上12333，工、农、中、建、交、邮储、招商、平安等各大银行，支付宝，微信，云闪付等25个全国性渠道，以及300多个人社部门和其他政府部门渠道、100多个银行和社会渠道。电子社保卡秉持开放的态度向群众提供服务，向社会赋能。

电子社保卡承载的应用越来越丰富，包括展码、亮证、扫一扫、亲情服务、授权登录等7项基础服务，40项全国业务服务，各地还加载了更多的属地业务服务。

电子社保卡移动支付已在27个省的224个地市支持就医购药扫码结算，让群众快速享受就医服务。22个城市开通了银联乘车码，群众可以用电子社保卡扫码乘车。

根据《中国互联网络发展状况统计报告》，2020年6月，我国网民规模已达9.4亿，使用手机上网的比例达到99.2%。基于手机形态的电子社保卡是顺应互联网时代要求的必然选择。到2021年年底，预计超过5亿人将拥有电子社保卡。

群众在政务大厅办事时可以持电子卡亮证、扫码或刷脸，还可以在自助机或网上大厅扫码快速登录……让群众自主选择使用实体社保卡或电子社保卡，并行提供传统服务与智能技术服务，最大程度方便各类人群，为群众提供暖心服务。

人社部门计划利用两年左右时间，开展人力资源社会保障信息化便民服务创新提升行动，推进"全业务用卡"，不仅在人社领域实现身份凭证用卡、人社缴费凭卡、补贴待遇进卡、工伤结算持卡，还将积极推进各类人社"一网通办"及其他网办事项都加载到电子社保卡中，方便群众随时随地获取服务。

社保卡秉承开放理念，承载"一卡通"多应用。不仅继续支持实体卡持卡就医结算，还扩展支持电子卡扫码就医购药。2020年8月20日，习近平总书记在扎实推进长三角一体化发展座谈会上指出：要探索以社会保障卡为载体建立居民服务"一卡通"。为此，越来越多的地区开始行动，交通出行、入园入馆等更多居民服务功能不断融合到社保卡中。

电子社保卡申领已纳入政务服务"跨省通办"清单。实体社保卡的异地申领补换也列入2021年的政务服务"跨省通办"清单。社保卡线上线下融合服务体系将不断健全，今后，群众申领社保卡更为方便快捷。

**讨论：**

1. 简要说明社保卡的功能。
2. 你认为社保卡在未来还可以承载哪些功能？
3. 说明我国社保卡在提升社会保障质量方面发挥了哪些作用。

## 社会实践

**调研目的：**
了解各地基本养老保险制度的相关规定和计算办法。

**调研内容：**
以5～8人的小组为单位，利用各地区政府官网数据，完成如下调研：
（1）了解我国基本养老保险制度的演变过程。
（2）选取某一地区，了解该地区养老金计算办法并尝试计算自己在该地区退休后可以领取的养老金金额。
（3）对比其他社会保险形式，说明基本养老保险制度在社会保险中的作用。

# 练 习 题

### 一、判断题

1. 社会保险费是由企业和个人两者共同负担的。（　）
2. 社会保险是公民享有的一项基本权利，政府对社会保险承担最终的责任。
（　）
3. 我国社会保险体系由"五险"构成，即基本养老保险、基本医疗保险、工伤保险、失业保险、生育保险，目前在若干城市还有试行长期护理保险。（　）
4. 养老保险若出现缴费中断现象，不可延续缴费，也不可享受养老保险的相关待遇。
（　）
5. 退休后在发给基础养老金和个人账户养老金的基础上，再发给过渡性养老金，这属于"新人"管理办法。（　）
6. 机关事业单位基本养老保险费中，个人缴纳基本养老保险费的比例为本人缴费工资的8%，由单位代扣。（　）
7. 机关事业单位在参加基本养老保险的基础上，应当为其工作人员建立职业年金。单位按本单位工资总额的8%缴费，个人按本人缴费工资的8%缴费。（　）
8. 城镇居民基本医疗保险是以没有参加城镇职工基本医疗保险的城镇未成年人和没有工作的居民为主要参保对象的医疗保险制度。（　）
9. 整合后的城乡居民基本医疗保险，既包含了新农合，也包含了城镇居民基本医疗保险。（　）
10. 申领失业保险金没有次数限制，只要符合《社会保险法》和相关法律法规中规定的失业保险金的领取条件，就可以领取失业保险金，而不管劳动者领取的次数多少。（　）

二、选择题

1. 社会保险是按照社会共担风险原则进行组织的。这体现了社会保险的（　　　）。
   A. 预防性　　　　B. 强制性　　　　C. 互助性　　　　D. 补偿性

2. 社会保险只是对受保障者收入损失一定程度的补偿，即劳动者的基本生活需要。这体现了社会保险的（　　　）。
   A. 预防性　　　　B. 强制性　　　　C. 互助性　　　　D. 补偿性

3. 以下说法中正确的是（　　　）。
   A. 社会保险的保险对象通常是法定范围的社会劳动者
   B. 社会保险费用一般由国家和企业共同承担
   C. 社会保险的缴费通常与工资挂钩，而且社会保险的待遇与工资相等
   D. 社会保险是现代社会保障体系的主体和核心，同时兼顾营利的目的

4. 城镇企业职工基本养老保险的领取条件中，个人累计缴费时间要达到（　　　）年。
   A. 10 年　　　　B. 15 年　　　　C. 20 年　　　　D. 25 年

5. 《国务院关于建立统一的企业职工基本养老保险制度的决定》（国发〔1997〕26 号）实施后参加工作的参保人员属于（　　　）。
   A. 新人　　　　B. 中人　　　　C. 老人　　　　D. 新人和中人

6. 关于城乡居民基本养老保险制度的说法中，正确的是（　　　）。
   A. 由新型农村社会养老保险和城镇居民社会养老保险合并而来
   B. 参保范围包含在校学生
   C. 城乡居民基本养老保险待遇领取人员死亡的，从当月起停止支付其养老金
   D. 个人账户储蓄额不计利息

7. 以下不属于失业保险待遇的是（　　　）。
   A. 按季度领取失业保险金
   B. 领取失业保险金期间的医疗补助金
   C. 失业人员在领取失业保险金期间死亡的丧葬补助金和供养其配偶、直系亲属的抚恤金
   D. 为失业人员在领取失业保险金期间开展职业培训、介绍的机构或接受职业培训、介绍的本人给予补偿，帮助其再就业

8. 下列关于失业保险金领取的说法中，正确的是（　　　）。
   A. 失业人员失业前用人单位和本人累计缴费满一年不足五年的，领取失业保险金的期限最长为 24 个月
   B. 失业者领取失业保险金没有等待期
   C. 失业者领取失业保险金没有最长给付期
   D. 申领失业保险金有次数限制

9. 以下不属于城乡居民基本养老保险基金来源的是（　　）。

　　A. 个人缴费　　　B. 集体补助　　　C. 政府补贴　　　D. 社会捐赠

10. 社会保险待遇的享受者及其所在单位，双方都必须按照规定参加并依法缴纳社会保险基金，不能自愿。这体现了社会保险的（　　）。

　　A. 预防性　　　　B. 强制性　　　　C. 互助性　　　　D. 补偿性

### 三、简答题

1. 简述社会保险的定义。
2. 简述社会保险的特征和功能。
3. 说明社会保险与商业保险的关系。
4. 说明我国社会保险的基本构成。
5. 简述我国基本养老保险的计算办法。
6. 说明我国基本医疗保险的分类及内容。
7. 简述我国失业保险待遇。
8. 简述我国工伤保险的保障范围。
9. 简述生育保险的保障对象。
10. 说明长期护理保险的保障对象及保障范围。

## 延伸阅读

《**养老保险**》，中国劳动社会保障出版社法制图书编辑部编，中国劳动社会保障出版社，2019

**内容简介：** 该书系统介绍了中华人民共和国劳动法、保险法、企业职工基本养老保险制度、城乡居民基本养老保险和机关事业单位工作人员养老保险制度、企业职工基本养老保险基金、城镇企业职工基本养老保险关系转移接续、机关事业单位职业年金办法、商业养老保险等相关问题。

《**美国病**》，伊丽莎白·罗森塔尔著，李雪顺译，上海译文出版社，2019

**内容简介：** 该书直击美国医保体制之痛，对美国现行医疗保险情况进行了生动翔实的介绍，书中列举了大量数据，从各个角度透视美国医疗保障现状。该书内容可谓是对美国医保体系的明确诊断，并提供了明确处方。

# 第五章 社会救助

第五章导读

**学习目标**

- ◇ 正确理解社会救助的含义及内容。
- ◇ 了解各项社会救助办法的基本内容。

**知识结构图**

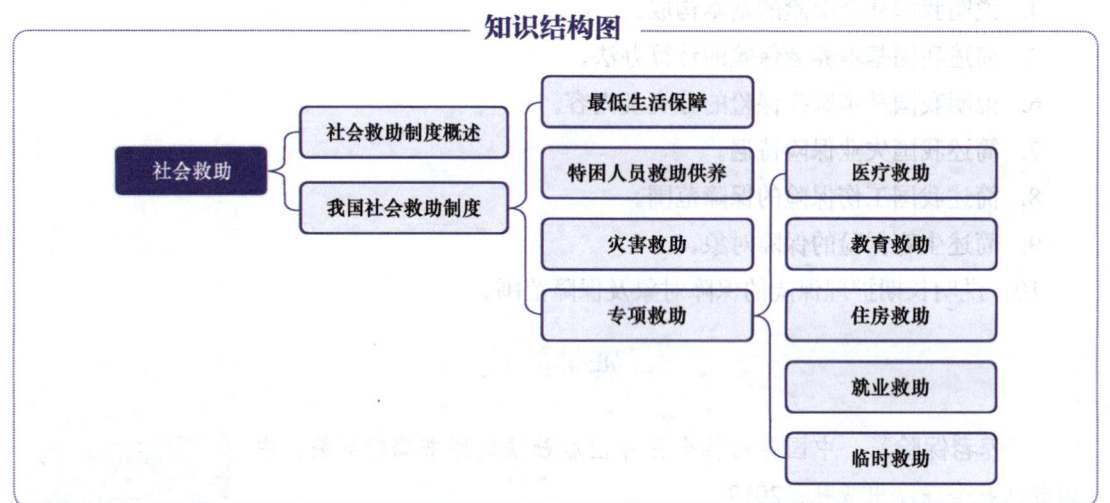

**引导案例**

### 上海市虹口区民政局认真落实社会救助调标工作

为进一步加大民生保障力度，提高社会救助对象的基本生活保障水平，根据上海市民政局统一部署，2020年7月1日起，虹口区民政局对社会救助标准进行调整，其中最低生活保障标准为1240元／人／月，特困人员供养标准为1615元／人／月，其他民政定期定量补助对象救助标准、低收入困难家庭申请专项救助收入标准等也相应调整。

虹口区民政局提前部署，积极组织实施调标工作，指导各街道救助所正确操作救助平台，仔细核对救助对象数据信息，按照不同救助类别，逐户逐人核算救助金额，确保调标金额准确无误，救助资金及时发放到位。同时，结合调标工作，加强救助对象动态管理，做到应保尽保、应退尽退，保障社会救助工作的公平公正。

思考：
1. 什么是社会救助？为什么要对社会救助标准进行调整？其调整根据是什么？
2. 社会救助资金的主要来源是什么？

# 第一节 社会救助制度概述

## 一、社会救助的含义和作用

社会救助是指国家和社会对由于各种原因而陷入生存困境的公民,给予财物接济和生活扶助,以保障其最低生活需要的制度。它是政府或社会的行为,其救助对象是容易遭遇生活困境的社会脆弱群体。

社会救助是社会保障制度中一个重要的组成部分,其最根本的目的是扶贫济困,保障困难群体的最低需求。社会救助的作用主要体现在三个方面:①有利于保障社会成员的基本生活。社会救助通过及时地对处于贫困线之下或者最低生活标准之下的贫困群体实施救助,帮助他们解决基本的生活问题,直接保障了贫困群体的生存条件。②有利于推动社会公平和社会文明进步。社会救助可以运用政府的公共权力与公共资源对收入分配进行适度调节,依法对低收入群体给予适当的生活基本保障,体现了人文关怀和社会进步,同时也可以协调社会关系,促进社会公平。③有效地弥补了社会保险制度的不足,增强了弱势群体的竞争力,稳定了社会秩序。

## 二、社会救助的基本特征

### (一)适用对象的普遍性

社会救助是为了保障一切人都能达到最低生活水平,任何人只要达不到国家公布的最低生活水平,国家和社会便有义务为他们提供救助,以使其过上满足最低生活水平的生活,而不论救助对象达不到国家公布的最低生活水平的原因是什么。

### (二)满足最低生活需求

社会救助提供的仅仅是满足最低生活需求的资金或实物,目的是在公平与效率之间寻求适度的平衡。它不问致贫原因,只看受助者是否真正贫困,是社会保障制度中的最后一道安全网。它的责任仅仅是使受助者的生活相当于或略高于最低生活需求,以避免产生依赖心理或者不劳而获的思想,只要受助者的收入超过最低生活标准,救助行动就相应中断。

### (三)权利义务单向性

社会救助是居民生存权的基本保障,体现了国家职责。只要社会成员符合救助的条件,就有权利申请得到救助,受益者享受的是单纯的法定权利;而对于国家和社会来说,社会救助是其不容推卸的责任。

### （四）按需分配性

社会救助是有别于按劳分配与按资分配的国民收入再分配手段。一方面，社会救助虽然面向全体社会成员，但只有生活陷入困境或者遇到特殊困难的社会成员才有资格申请社会救助。另一方面，国家或社会提供的社会救助包括现金援助、实物援助、服务援助等，一般根据不同社会救助对象的具体需要来提供。因此，社会救助具有在确定的标准范围内向救助对象按需分配的特征，是对按劳分配与按资分配形式的重要补充。

## 三、社会救助的标准及确定方法

### （一）社会救助的标准

社会成员的贫困状态有绝对贫困和相对贫困之分。

绝对贫困又叫生存贫困，是指在一定的社会生产方式和生活方式下，个人和家庭依靠其劳动所得和其他合法收入不能维持其基本的生存需要。科学地确定最低生活标准是社会救助的重要环节。各国的经济发展水平和居民的生活水平差异极大，各国的最低生活标准也差距很大。

相对贫困是指在特定的社会生产方式和生活方式下，依靠个人或家庭的劳动力所得或其他合法收入虽能维持其食物保障，但无法满足在当地条件下被认为是最基本的其他生活需求的状态。发达国家实行的社会救助，其目标主要是针对相对贫困。

### （二）最低生活标准的确定方法

决定最低生活标准的具体方法，主要有市场菜篮子法、恩格尔系数法、国际贫困标准法和生活形态法。

（1）市场菜篮子法。根据当地维持最低生活所需的物品和服务列出清单，根据市场价计算需要多少资金，此金额即为最低生活保障金额。

（2）恩格尔系数法。这是根据恩格尔定律得出的方法，统计学家恩格尔在大量统计数据的基础上得出结论，家庭收入越高，食品支出占家庭总支出的比例越小，反之则相反。国际社会一般把食品支出占家庭支出的60%作为贫困线，得出最低生活保障金额救助标准。

（3）国际贫困标准法。这是由经济合作和发展组织提出的一种收入比例法，它根据一个国家或地区社会的平均收入水平来确定最低标准。一般情况下，最低生活保障相当于社会平均收入的50%～60%。

（4）生活形态法。从人们的生活方式和消费行为等"生活形态"入手，提出一系列有关贫困家庭生活形态的问题让被调查者回答，然后选择出若干"剥夺指标"，并据此及被调查者的实际生活状况来确定哪些人属于贫困者，再分析他们被剥夺的需求以及消费和收入来求出最低生活标准。

## 四、社会救助资金的来源

### （一）国家财政拨款

国家财政拨款是社会救助资金的最主要来源，包括中央财政拨款和地方财政拨款。每年的财政预算中都会有专项资金用于社会救助。

### （二）信贷扶贫

信贷扶贫是由国内有关金融机构承担的一项政策性贷款业务，它是我国扶贫开发的重要组成部分，发放的形式主要有两种：①到户的小额扶贫贷款；②发放给龙头企业以及基础设施建设的扶贫贷款。

### （三）社会捐赠和国际援助

国家鼓励社会组织和个人为社会救助提供捐款、资助。在一个国家发生重大灾害事件时，联合国或其他国家会给予一定援助，帮助受灾国家渡过难关。

### （四）社会救助基金增值

对社会救助基金的有效管理和运营，可以使其增值，这部分增值的资金又可以进一步补充社会救助资金。

### （五）福利彩票公益金

在社会救助基金中，还有来源于福利彩票销售收入所筹集的资金。

# 第二节　我国社会救助制度

在我国社会救助分为最低生活保障、特困人员救助供养、灾害救助、专项救助（医疗救助、教育救助、住房救助、就业救助、临时救助）。

## 一、最低生活保障

### （一）最低生活保障的含义

最低生活保障是一种社会保障类型，是指国家对家庭人均收入低于当地政府公告的最低生活标准的人口给予一定现金资助，以保证该家庭成员基本生活所需的社会保障。最低生活保障线也即贫困线。

最低生活保障是保证基本生活的生活费用补贴，是为贫困人口提供的一种救济。享受这一社会保障具有临时性，即原先享受最低生活保障的人口或家庭，如果收入有所增加，超过了规定的救济标准，则不再享受最低生活保障救济。《城市居民生活最低保障条例》经国务院审定于1999年10月1日在全国施行，是中国社会救助工作发展的一个重要标志。

### (二)最低生活保障制度的建立与发展

1993年,上海市率先建立了城市居民最低生活保障制度,并以此取代以往实施了数十年的旧救济办法。它确立了一条最低生活保障线,规定凡家庭人均收入低于这一保障线的家庭均可以申请最低生活保障金。1994年,民政部提出了对城市社会救济对象逐步实行按照当地最低生活保障线标准进行救济的改革目标并决定在全国范围内开展试点。1997年,国务院发出《关于在全国建立城市居民最低生活保障制度的通知》,中央政府正式有力推动最低生活保障制度在全国的实施,要求1998年年底全国地级以上城市要建立城市居民最低生活保障制度,1999年年底以前全国县级市和县政府所在地的镇均要建立起这项制度,使非农业户口的居民得到最低生活保障。

在城市居民最低生活保障制度改革进程中,一些地方也开始了农村居民最低生活保障制度的探索。自1997年开始,有条件的地区开始逐步建立农村居民最低生活保障制度。

### (三)最低生活保障申请程序

根据《社会救助暂行办法》《最低生活保障审核确认办法》《民政部关于指导村(居)民委员会协助做好社会救助工作的意见》(民发〔2015〕104号)等政策法规,户籍所在地的乡镇(街道)是受理低保申请的责任主体,负责对申请人的家庭收入状况、财产状况进行调查核实,提出初审意见;村(居)委会负责协助乡镇(街道)和申请群众做好低保申请、调查审核、民主评议、抽查复核、长期公示和动态管理工作;县级民政部门负责低保审批工作。

> **国内热点 5-1**

**我国社会救助制度体系基本确立**

2019年12月25日召开的第十三届全国人民代表大会常务委员会第十五次会议上,受国务院委托,民政部部长李纪恒报告了关于加强社会保障体系建设助力打好精准脱贫攻坚战推进社会救助工作情况。

党的十八大以来,社会救助工作进入发展快车道,政策措施密集出台,制度体系日益完善,工作机制不断健全,财政投入逐年加大,救助水平持续提升。坚持精准扶贫精准脱贫基本方略,充分发挥农村低保在实现"两不愁"中的兜底保障作用,助力打赢脱贫攻坚战。推进社会救助制度城乡统筹发展,逐步缩小城乡差距,切实保障好困难群众基本生活,取得显著成效。

**1. 社会救助制度优势日益彰显**

中央财政建立困难群众救助专项补助资金,统筹用于最低生活保障、特困人员救助供养、临时救助、孤儿基本生活保障、生活无着流浪乞讨人员救助等工作,2016—2019年,共安排补助资金5 618亿元。同时,中央财政也加大医疗救助、农村危房改造、受灾人员救助等专项救助资金支持力度。

最低生活保障方面，截至2019年9月底，全国共有城乡低保对象4283万人，城乡低保标准差距逐步缩小，由2013年的1.8:1缩至1.4:1。2019年1—9月，累计支出资金1164.7亿元。特困人员救助供养方面，截至2019年9月底，全国共有471万城乡特困人员纳入供养范围。2019年1—9月，累计支出资金270.6亿元；受灾人员救助方面，2018年以来，针对青海、江西、广东等地自然灾害，启动国家救灾应急响应35次，安排下拨救灾资金98.96亿元。医疗救助方面，截至2019年9月底，全国共实施医疗救助1.23亿人次，支出资金363.2亿元。2019年1—6月，全国累计对2.8万人实施疾病应急救助，向医疗机构拨付急救费用1.5亿元。教育救助方面，2019年，下达义务教育家庭经济困难学生生活费补助94.3亿元，下达支持学前教育发展基金168.5亿元，下达高等教育奖助学金235.7亿元。住房救助方面，持续推进农村危房改造，党的十八大以来，中央财政累计投入1891亿元补助资金，支持1794万户贫困家庭改造危房，帮助5700多万贫困群众住上安全住房。就业救助方面，2019年1—9月，共帮助133万就业困难人员实现就业，消除零就业家庭3.4万户。临时救助方面，2019年1—9月，全国共实施临时救助478.8万人次，累计支出救助资金68.0亿元。社会力量参与方面，截至2018年底，全国共有经常性社会捐赠工作站、点和慈善超市1.2万个。2018年，全国社会组织捐赠收入达919.7亿元，全年共有1072万人次在民政领域提供2388.7万小时的志愿服务。

**2. 社会救助改革有待深化**

尽管近年社会救助事业发展较快，在强化兜底保障、促进社会和谐稳定、助力精准脱贫攻坚等方面发挥重要作用，但发展不平衡不充分的问题仍较突出。

社会救助政策还需进一步统筹。低保对象家庭收入核查涉及金融、工商、车辆、税务、住房等多方面，造成核查困难，影响救助对象认定的精准度。区域不平衡、城乡不平衡问题依然存在，跨地区流动人口缺乏稳定的救助政策支持；社会救助兜底保障还不够充分。低保等社会救助政策瞄准的主要是绝对贫困人口，低收入家庭、支出型贫困家庭还没有纳入救助范围，而且目前社会救助水平相对较低；基层社会救助经办服务能力还有差距。一些地方救助机构不健全、人员配备不足、工作经费缺乏，"最后一公里"问题尚未根本解决。"人情保""关系保"以及隐瞒收入、骗取救助等问题没有完全杜绝。

## 二、特困人员救助供养

### （一）特困人员救助供养的条件

城乡老年人、残疾人以及未满18周岁的未成年人，同时具备以下条件的，应当依法纳入特困人员救助供养范围：无劳动能力，无生活来源，无法定赡养、抚养、扶养义务人或者法定义务人无履行义务能力。具体认定办法由民政部负责制定。

### （二）特困人员救助供养的基本原则

（1）坚持托底供养。强化政府托底保障职责，为城乡特困人员提供基本生活、照料服务、疾病治疗和殡葬服务等方面保障，做到应救尽救、应养尽养。

（2）坚持属地管理。县级以上地方人民政府统筹做好本行政区域内特困人员救助供养工作，分级管理，落实责任，强化管理服务和资金保障，为特困人员提供规范、适度的救助供养服务。

（3）坚持城乡统筹。健全城乡特困人员救助供养工作管理体制，在政策目标、资金筹集、对象范围、供养标准、经办服务等方面实现城乡统筹，确保城乡特困人员都能获得救助供养服务。

（4）坚持适度保障。立足经济社会发展水平，科学合理制定救助供养标准，加强与其他社会保障制度衔接，实现特困人员救助供养制度保基本、全覆盖、可持续。

### （三）特困人员救助供养的内容

特困人员救助供养主要包括以下内容：

（1）提供基本生活条件，包括供给粮油、副食品、生活用燃料、服装、被褥等日常生活用品和零用钱，可以通过实物或者现金的方式予以保障。

（2）对生活不能自理的给予照料，包括日常生活、住院期间的必要照料等基本服务。

（3）提供疾病治疗。全额资助参加城乡居民基本医疗保险的个人缴费部分。医疗费用按照基本医疗保险、大病保险和医疗救助等医疗保障制度规定支付后仍有不足的，由救助供养经费予以支持。

（4）办理丧葬事宜。特困人员死亡后的丧葬事宜，集中供养的由供养服务机构办理，分散供养的由乡镇人民政府（街道办事处）委托村（居）民委员会或者其亲属办理。丧葬费用从救助供养经费中支出。

（5）对符合规定标准的住房困难的分散供养特困人员，通过配租公共租赁住房、发放住房租赁补贴、农村危房改造等方式给予住房救助。对在义务教育阶段就学的特困人员，给予教育救助；对在高中教育（含中等职业教育）、普通高等教育阶段就学的特困人员，根据实际情况给予适当教育救助。

### （四）特困人员救助供养的标准

特困人员救助供养的标准包括基本生活标准和照料护理标准。

基本生活标准应当满足特困人员基本生活所需。照料护理标准应当根据特困人员生活自理能力和服务需求分类制定，以体现差异性。

特困人员救助供养标准由省、自治区、直辖市或者设区的市级人民政府综合考虑地区、城乡差异等因素确定、公布，并根据当地经济社会发展水平和物价变化情况适时调整。民政部、财政部要加强对特困人员救助供养标准制定工作的指导。

### （五）特困人员救助供养的形式

特困人员救助供养的形式分为在家分散供养和在当地的供养服务机构集中供养。具备生活自理能力的，鼓励其在家分散供养；完全或者部分丧失生活自理能力的，优先为其提供集中供养服务。

（1）分散供养。对分散供养的特困人员，经本人同意，乡镇人民政府（街道办事处）可委托其亲友或村（居）民委员会、供养服务机构、社会组织、社会工作服务机构等提供日常看护、生活照料、住院陪护等服务。有条件的地方，可为分散供养的特困人员提供社区日间照料服务。

（2）集中供养。对需要集中供养的特困人员，由县级人民政府民政部门按照便于管理的原则，就近安排到相应的供养服务机构；未满16周岁的，安置到儿童福利机构。

### （六）供养服务机构管理

供养服务机构应当依法办理法人登记，建立健全内部管理、安全管理和服务管理等制度，为特困人员提供日常生活照料、送医治疗等基本救助供养服务。供养服务机构应当根据服务对象人数和照料护理需求，按照一定比例配备工作人员，加强社会工作岗位开发设置，合理配备使用社会工作者。

> **国内热点 5-2**
>
> **我国最低生活保障覆盖范围将适度扩大**
>
> 2020年第三季度，民政部和财政部联合印发了《关于进一步做好困难群众基本生活保障工作的通知》，提出在坚持现有标准、确保低保制度持续平稳运行的基础上，适度扩大最低生活保障覆盖范围。
>
> "低收入家庭"如何界定？通知指出，低收入家庭是指家庭人均收入高于当地城乡低保标准，但低于低保标准1.5倍，且财产符合当地相关规定的低保边缘家庭。
>
> 低收入家庭中的重残人员、重病患者等特殊困难人员，经本人申请，可参照"单人户"纳入低保。
>
> 通知还适度放宽了特困人员认定条件。通知将特困人员救助供养覆盖的未成年人年龄从16周岁放宽至18周岁，由此，符合"三无"条件的16～18周岁未成年人将全部纳入特困人员救助供养范围。
>
> 加强对生活困难未参保失业人员救助帮扶也是通知的重要内容。此外，通知还对强化贫困人口兜底保障、优化社会救助工作流程等提出明确要求。

> **国内热点 5-3**
>
> **2021 年 7 月起,北京市人均最低生活保障标准调整至 1 245 元**
>
> 为更好保障困难群众基本生活,确保困难群众生活水平得到提高,经北京市政府批准,北京市最低生活保障标准由家庭月人均 1 170 元调整为 1 245 元。调整后的最低生活保障标准自 2021 年 7 月起实施。
>
> 截至 2021 年 3 月底,北京市共有城乡低保对象 6 6245 户、110 212 人。北京市城乡最低生活保障标准的调整主要以统计部门提供的本市居民基本食品费用支出和其他生活必需品费用支出为基础进行测算,综合考虑了物价指数和社会保障相关标准及疫情的影响,兼顾了区域发展差异,顺应了经济社会发展要求。

### 三、灾害救助

#### (一)灾害救助的含义

灾害救助是国家或社会对因遭遇各种灾害而陷入生活困境的灾民进行抢救和援助的一项社会救助,其目的是通过救助,使灾民摆脱生存危机,同时使灾区的生产、生活等各方面尽快恢复正常秩序。

#### (二)灾害救助的特征

(1)灾害救助的紧急性。由于各种灾害的发生大都具有突发性(除旱灾外)和严重的危害性,遭遇灾害的社会成员可能迅即陷入生活困境之中,甚至倾家荡产、流离失所、人身伤亡。大面积的自然灾害或其他重大灾难等又往往极易造成疫病流行,如果国家和社会不紧急实施救助,遭遇灾害袭击的社会成员就有可能非正常死亡、外出流浪等,灾区社会也会因此陷入危机并进而影响其他地区的稳定。因此,实施灾害救助必须将各种救灾实物或服务资源迅速运往灾区,以及时解决灾民的生存危机,并将灾害造成的后果减小到最低程度。为提高救灾工作的应急反应能力,及时、高效地做好救灾工作,一些国家和地区纷纷制定"自然灾害应急措施",以确保达到更好的救灾效果。

(2)灾害救助的内容与手段的多样性。由于各种灾害造成的后果是多方面的,包括人身伤亡、财产损失、基础设施损毁以及疫病流行等,灾害救助的内容与手段也必须是多种多样的。灾害救助不仅包括对人的救护,还包括对物的转移和保护;不仅包括衣、食等基本生活用品的救助,还包括医疗服务等特殊救助;不仅包括对灾民个人的救助,还包括对灾区社会的救助;不仅包括对灾民身体和物质财富的保护,还包括缓解灾民的心理压力,帮助他们重建信心。从灾害救助的具体内容上来看,这种广泛性更明显。

(3)灾害救助对象的复杂性。灾害救助的对象可以简单分为灾区灾民和灾区社会,但在实际救助工作中,必须考虑到灾民个体的复杂性和灾区社会关系的复杂性。灾民在灾害的冲击下，生活规律出现极大改变，在心态和行为上，都表现出异常复杂的特点。而正常的社会关系在灾害中受到冲击和影响，受灾社会系统整合受阻，可能出现社会状态紊乱、社会控制力降低等复杂的社会现象，还会出现许多始料未及的情况，这就导致对灾民和灾区社会的救助极其复杂和困难。

（4）灾害救助的不确定性。由于灾害无法事先确定，灾害救助也不同于其他社会保障制度的安排，可以事先计划并按照确定的方案开展。灾害救助的不确定性体现在：①灾害发生的不确定性，即灾害发生的时间、地点是不确定的，灾害救助也无法事先确定救助的时间与地点；②灾害的损害后果是事先无法确定的，所需要的救助资金也是不确定的，虽然政府每年均有救灾的财政预算，但具体需要多少需由政府根据具体的灾情来决定；③救助的形式具有不确定性，它需要在灾害发生时根据不同灾民的受灾程度及需要进行具体选择。因此，灾害救助在形式上是一种预防性的社会保障制度安排，在实践中需要临灾应变，救助的针对性越强，救灾的效果越好；反之，即使投入大量人力、财力，救灾的效果也可能不好。

灾害救助的上述特征表明，国家既需要将这一项目制度化并有常备不懈的应急机制，也要积累经验，有临灾应变之策；既要有财政专款作为经济后盾，也要有救灾物资储备作为物质基础。

### （三）灾害救助的原则及内容

灾害救助工作遵循以人为本、政府主导、分级管理、社会互助、灾民自救的原则。

救助内容包括救助准备、应急救助和灾后救助。

（1）救助准备是指县级以上地方人民政府及其有关部门应当根据有关法律、法规、规章，上级人民政府及其有关部门的应急预案以及本行政区域的自然灾害风险调查情况，制定相应的自然灾害救助应急预案。

（2）应急救助是指县级以上人民政府或者人民政府的自然灾害救助应急综合协调机构应当根据自然灾害预警预报启动预警响应；自然灾害发生并达到自然灾害救助应急预案启动条件的，县级以上人民政府或者人民政府的自然灾害救助应急综合协调机构应当及时启动自然灾害救助应急响应，采取下列一项或者多项措施：

1）立即向社会发布政府应对措施和公众防范措施。

2）紧急转移安置受灾人员。

3）紧急调拨、运输自然灾害救助应急资金和物资，及时向受灾人员提供食品、饮用水、衣被、取暖、临时住所、医疗防疫等应急救助，保障受灾人员基本生活。

4）抚慰受灾人员，处理遇难人员善后事宜。

5）组织受灾人员开展自救互救。

6）分析评估灾情趋势和灾区需求，采取相应的自然灾害救助措施。

7）组织自然灾害救助捐赠活动。

对于应急救助物资，各交通运输主管部门应当组织优先运输。

（3）灾后救助是指受灾地区人民政府应当在确保安全的前提下，采取就地安置与异地安置、政府安置与自行安置相结合的方式，对受灾人员进行过渡性安置。就地安置应当选择在交通便利、便于恢复生产和生活的地点，并避开可能发生次生自然灾害的区域，尽量不占用或者少占用耕地。受灾地区人民政府应当鼓励并组织受灾群众自救互救，恢复重建。

### （四）救助款物管理

县级以上人民政府财政部门、应急管理部门负责自然灾害救助资金的分配、管理并监督使用情况。县级以上人民政府应急管理部门负责调拨、分配、管理自然灾害救助物资。

人民政府采购用于自然灾害救助准备和灾后恢复重建的货物、工程和服务，依照有关政府采购和招标投标的法律规定组织实施。自然灾害应急救助和灾后恢复重建中涉及紧急抢救、紧急转移安置和临时性救助的紧急采购活动，按照国家有关规定执行。

自然灾害救助款物专款（物）专用，无偿使用。定向捐赠的款物，应当按照捐赠人的意愿使用。政府部门接受的捐赠人无指定意向的款物，由县级以上人民政府应急管理部门统筹安排用于自然灾害救助；社会组织接受的捐赠人无指定意向的款物，由社会组织按照有关规定用于自然灾害救助。

自然灾害救助款物应当用于受灾人员的紧急转移安置，基本生活救助，医疗救助，教育、医疗等公共服务设施和住房的恢复重建，自然灾害救助物资的采购、储存和运输，以及因灾遇难人员亲属的抚慰等项支出。

受灾地区人民政府应急管理、财政等部门和有关社会组织应当通过报刊、广播、电视、互联网，主动向社会公开所接受的自然灾害救助款物和捐赠款物的来源、数量及其使用情况。受灾地区村民委员会、居民委员会应当公布救助对象及其接受救助款物数额和使用情况。

## 四、专项救助

### （一）医疗救助

国家建立健全医疗救助制度，保障医疗救助对象获得基本医疗卫生服务。

下列人员可以申请相关医疗救助：

（1）最低生活保障家庭成员。

（2）特困供养人员。

（3）县级以上人民政府规定的其他特殊困难人员。

医疗救助采取下列方式：

（1）对救助对象参加城乡居民基本医疗保险的个人缴费部分，给予补贴。

（2）对救助对象经基本医疗保险、大病保险和其他补充医疗保险支付后，个人及其家庭难以承担的符合规定的基本医疗自负费用，给予补助。

医疗救助标准由县级以上人民政府按照经济社会发展水平和医疗救助资金情况确定、公布。申请医疗救助的，应当向乡镇人民政府、街道办事处提出，经审核、公示后，由县级人民政府民政部门审批。最低生活保障家庭成员和特困供养人员的医疗救助，由县级人民政府民政部门直接办理。县级以上人民政府应当建立健全医疗救助与基本医疗保险、大病保险相衔接的医疗费用结算机制，为医疗救助对象提供便捷服务。国家建立疾病应急救助制度，对需要急救但身份不明或者无力支付急救费用的急重危伤病患者给予救助。符合规定的急救费用由疾病应急救助基金支付。疾病应急救助制度应当与其他医疗保障制度相衔接。

### （二）教育救助

国家对在义务教育阶段就学的最低生活保障家庭成员、特困供养人员，给予教育救助。对在高中教育（含中等职业教育）、普通高等教育阶段就学的最低生活保障家庭成员、特困供养人员，以及不能入学接受义务教育的残疾儿童，根据实际情况给予适当教育救助。教育救助根据不同教育阶段需求，采取减免相关费用、发放助学金、给予生活补助、安排勤工助学等方式实施，保障教育救助对象基本学习、生活需求。

教育救助标准由省、自治区、直辖市人民政府根据经济社会发展水平和教育救助对象的基本学习、生活需求确定、公布。申请教育救助，应当按照国家有关规定向就读学校提出，按规定程序审核、确认后，由学校按照国家有关规定实施。

### （三）住房救助

国家对符合规定标准的住房困难的最低生活保障家庭、分散供养的特困人员，给予住房救助。住房救助通过配租公共租赁住房、发放住房租赁补贴、农村危房改造等方式实施。

住房困难标准和救助标准由县级以上地方人民政府根据本行政区域经济社会发展水平、住房价格水平等因素确定、公布。

城镇家庭申请住房救助的，应当经由乡镇人民政府、街道办事处或者直接向县级人民政府住房保障部门提出，经县级人民政府民政部门审核家庭收入、财产状况和县级人民政府住房保障部门审核家庭住房状况并公示后，对符合申请条件的申请人，由县级人民政府住房保障部门优先给予保障。农村家庭申请住房救助的，按照县级以上人民政府有关规定执行。

各级人民政府按照国家规定通过财政投入、用地供应等措施为实施住房救助提供保障。

### （四）就业救助

国家对最低生活保障家庭中有劳动能力并处于失业状态的成员，通过贷款贴息、社会保险补贴、岗位补贴、培训补贴、费用减免、公益性岗位安置等办法，给予就业救助。

最低生活保障家庭有劳动能力的成员均处于失业状态的，县级以上地方人民政府应当采取有针对性的措施，确保该家庭至少有一人就业。

申请就业救助的，应当向住所地街道、社区公共就业服务机构提出，公共就业服务机构核实后予以登记，并免费提供就业岗位信息、职业介绍、职业指导等就业服务。

最低生活保障家庭中有劳动能力但未就业的成员，应当接受人力资源和社会保障等有关部门介绍的工作；无正当理由，连续3次拒绝接受介绍的与其健康状况、劳动能力等相适应的工作的，县级人民政府民政部门应当决定减发或者停发其本人的最低生活保障金。

吸纳就业救助对象的用人单位，按照国家有关规定享受社会保险补贴、税收优惠、小额担保贷款等就业扶持政策。

### 国内热点 5-4

#### 残疾人就业保障金

我国将残疾人就业保障金由单一标准征收调整为分档征收，用人单位安排残疾人就业比例 1%（含）以上但低于本省区市规定比例的，三年内按应缴费额 50% 征收；1% 以下的，三年内按应缴费额 90% 征收。

根据国家发展改革委、财政部、民政部、人力资源和社会保障部、国家税务总局、中国残联等六部门联合印发的《关于完善残疾人就业保障金制度更好促进残疾人就业的总体方案》，对在职职工总数 30 人（含）以下的企业，暂免征收残保金。

总体方案明确，残保金征收标准上限仍按当地社会平均工资的 2 倍执行，社会平均工资的口径为城镇私营单位和非私营单位就业人员加权平均工资。用工单位依法以劳务派遣方式接受残疾人在本单位就业的，残联在审核残疾人就业人数时相应计入并加强动态监控。

国家发展改革委等部门有关负责人表示，实行分档征收体现了激励约束并重的原则，有利于激发用人单位积极性，引导其将安排残疾人就业比例提高至 1% 以上；允许用人单位以更加灵活的方式履行按比例安排残疾人就业义务，更加符合用人单位实际用工需求，也有利于进一步促进残疾人就业。

总体方案针对残疾人就业的难点、堵点，提出了全面摸排残疾人就业需求信息、做好残疾人人力资源开发、推动用人单位设置残疾人就业岗位、支持就业服务平台发展、推动信息互通资源共享、完善残疾人就业服务保障机制、建立残疾人就业信息跟踪反馈机制等七项具体措施，推动构建涵盖"人力开发—就业指导—供需对接—就业维护"全链条的残疾人就业服务体系。

### （五）临时救助

国家对因火灾、交通事故等意外事件，家庭成员突发重大疾病等原因，导致基本生活暂时出现严重困难的家庭，或者因生活必需支出突然增加超出家庭承受能力，导致基本生活暂时出现严重困难的最低生活保障家庭，以及遭遇其他特殊困难的家庭，给予临时救助。

国家对生活无着的流浪、乞讨人员提供临时食宿、急病救治、协助返回等救助。

公安机关和其他有关行政机关的工作人员在执行公务时发现流浪、乞讨人员的，应当告知其向救助管理机构求助。对其中的残疾人、未成年人、老年人和行动不便的其他人员，应当引导、护送到救助管理机构；对突发急病人员，应当立即通知急救机构进行救治。

## 本章小结

| 章节知识结构 | | 学习的重点与难点 |
|---|---|---|
| 社会救助制度概述 | 社会救助的含义和作用<br>社会救助的基本特征<br>社会救助的标准及确定方法<br>社会救助资金的来源 | 重点：社会救助的含义和作用，社会救助的标准及确定方法，社会救助资金的来源<br>难点：社会救助的基本特征 |
| 我国社会救助制度 | 最低生活保障：最低生活保障的含义<br>最低生活保障制度的建立与发展<br>最低生活保障申请程序 | 重点：最低生活保障的含义<br>难点：最低生活保障申请程序 |
| | 特困人员救助供养：特困人员救助供养的条件<br>特困人员救助供养的基本原则<br>特困人员救助供养的内容<br>特困人员救助供养的标准<br>特困人员救助供养的形式<br>供养服务机构管理 | 重点：特困人员救助供养的条件<br>难点：特困人员救助供养的基本原则、内容、标准和形式 |
| | 灾害救助：灾害救助的含义<br>灾害救助的特征<br>灾害救助的原则及内容<br>救助款物管理 | 重点：灾害救助的含义、原则及内容<br>难点：灾害救助的特征 |
| | 专项救助：医疗救助<br>教育救助<br>住房救助<br>就业救助<br>临时救助 | 重点：专项救助的内容<br>难点：专项救助的申请办法 |

### 案例分析

**北京市社会救助实施办法**

2018年4月24日，北京市人民政府公布了《北京市社会救助实施办法》，自2018年7月1日起施行。该办法规定，北京市各级人民政府及其有关部门开展最低生活保障、特困人员供养、专项救助、受灾人员救助和临时救助等相关工作，适用该办法。

**（一）最低生活保障**

本市对共同生活的家庭成员月人均收入低于本市当年最低生活保障标准，且符合本市最低生活保障家庭财产状况规定的本市户籍居民组成的家庭，给予最低生活保障。对本市户籍居民与非本市户籍居民组成的家庭的最低生活保障，具体办法另行规定。

本办法规定的共同生活的家庭成员，包括配偶、父母和未成年子女、已成年但不能独立生活的子女以及其他具有法定赡养、抚养、扶养义务关系并长期共同居住的人员。

本办法规定的共同生活的家庭成员月人均收入，是指申请人在申请最低生活保障前12个月内的月均家庭收入除以共同生活的家庭成员数量所得数额。本办法规定的家庭收入，包括共同生活的家庭成员的工资性收入、经营净收入、财产净收入、转移净收入等可支配收入；家庭财产包括共同生活的家庭成员拥有的现金、银行存款、有价证券、机动车、房屋以及无形资产等财产。最低生活保障家庭收入状况、财产状况的认定办法，由市人民政府按照国家有关规定制定。

最低生活保障标准，由市民政、财政、统计等部门按照本市上年度城镇居民人均消费支出的一定比例拟定，报市人民政府批准、公布。

**（二）特困人员供养**

本市对无劳动能力、无生活来源且无法定赡养、抚养、扶养义务人，或者其法定赡养、抚养、扶养义务人无赡养、抚养、扶养能力的本市户籍60周岁以上老年人、残疾人、未满16周岁的未成年人，给予特困人员供养。特困人员年满16周岁后仍在接受义务教育、普通高中教育、中等职业教育、特殊教育的，继续享受供养待遇。

特困人员供养的内容包括：

（1）供给粮油、副食品和生活用燃料，提供服装、被褥等生活用品和零用钱等基本生活条件。

（2）为生活不能自理的提供日常生活、住院期间的必要照料等基本服务。

（3）提供疾病治疗。

（4）办理丧葬事宜。

特困人员在城乡基本医疗保险定点医疗机构接受疾病治疗的，相关医疗费用按照医疗救助的相关规定执行。

各区的特困人员供养标准按照不低于本市上年度全市居民人均消费支出确定。区人民政府统筹特困人员供养资金的支出。

**（三）专项救助**

**1. 医疗救助**

本市对符合条件的最低生活保障家庭成员、特困人员、低收入家庭成员，以及市、区人民政府规定的其他特殊困难人员，给予医疗救助。

本办法规定的低收入家庭，是指未纳入最低生活保障范围，共同生活的家庭成员月人均收入低于最低工资标准，且符合最低生活保障家庭财产状况规定的本市户籍居民组成的家庭。

医疗救助采取下列方式：

（1）对最低生活保障家庭成员、特困人员、低收入家庭成员参加城乡居民基本医疗保险的个人缴费部分，给予全额资助。

（2）对救助对象经基本医疗保险、生育保险、工伤保险、大病保险和商业补充医保险等支付后，由个人负担的符合本市规定的医疗费用，按照门诊、住院、生育、重大疾病等不同情形，分别给予救助。

医疗救助的具体标准，由市医疗救助主管部门会同财政等部门根据本市经济社会发展水平拟定，报市人民政府批准、公布。区人民政府可以制定本区的医疗救助标准，但不得低于全市医疗救助标准。

2．教育救助

本市对最低生活保障家庭成员、特困人员、低收入家庭成员，给予教育救助。

教育救助采取下列方式：

（1）对学前教育阶段的救助对象，减免保育教育费。

（2）对义务教育阶段的救助对象，发放助学补助，并对寄宿的免收寄宿费、发放伙食补助等。

（3）对普通高中教育阶段的救助对象，减免学费、住宿费，发放国家助学金等。

（4）对中等职业教育阶段的救助对象，减免学费，发放国家助学金，发放生活物价补贴等。

（5）对当年参加普通高等学校招生全国统一考试，在本市高等教育招生计划内，经市招生委员会高等学校招生办事机构核准录取的救助对象，发放高等教育新生入学补贴。

（6）对普通高等教育阶段的救助对象，发放国家助学金、生活补助，提供国家助学贷款，安排勤工助学等。

（7）其他教育救助方式。

教育救助的具体标准由市教育、财政、民政等部门，根据本市经济社会发展水平和教育救助对象的基本学习、生活需求拟定，报市人民政府批准、公布。

3．住房救助

本市对符合本市住房困难标准的最低生活保障家庭、分散供养的特困人员、低收入家庭，以及收入、资产符合本市相关规定的其他家庭，给予住房救助。

城镇居民住房救助通过配租公共租赁住房、发放公共租赁住房租金补贴和市场租赁住房租金补贴等方式实施。具体救助标准由市住房城乡建设、民政等部门，按照本市经济社会发展水平、城镇居民收入水平和住房价格水平等因素拟定，报市人民政府批准、公布。

4．就业救助

本市按照规定对最低生活保障家庭中被认定为就业困难人员的成员，通过贷款贴息、社会保险补贴、岗位补贴、培训补贴、税费减免、公益性岗位安置等办法，给予就业救助。

市、区人民政府根据经济社会发展水平和就业救助需要，通过新设、购买等方式开发的公益性岗位，优先招用符合岗位需求的就业救助对象。

最低生活保障家庭成员实现就业的，复核其家庭收入时，按最低生活保障标准的一定比例予以扣减。复核后收入高于最低生活保障标准的，在一定期限内，按照最低生活保障标准一定比例发放最低生活保障金。

**5. 采暖救助**

本市对符合条件的最低生活保障家庭、分散供养的特困人员，给予采暖救助。

采暖救助的具体标准由市城市管理、民政、财政等部门根据本市经济社会发展水平和供热燃料价格水平等因素确定、公布。

申请采暖救助的，应当向户籍所在地乡镇人民政府、街道办事处提出申请，按照下列程序办理：

（1）采用自采暖的，由乡镇人民政府、街道办事处直接办理并发放采暖救助资金，或者乡镇人民政府、街道办事处审核后，报区民政部门审批并发放采暖救助资金。

（2）采用集中供热采暖的，乡镇人民政府、街道办事处审查核实后，向符合条件的申请人出具补助凭证；供热单位依据申请人提交的补助凭证、供热采暖合同等证明材料减免采暖费。供热单位根据实际减免的采暖费向有关部门申领采暖救助资金。

**（四）受灾人员救助**

市、区人民政府建立健全自然灾害救助制度，对受到自然灾害严重影响的人员，及时提供救助。

自然灾害发生后，市、区自然灾害救助应急综合协调机构应当按照自然灾害救助应急预案，紧急疏散、转移、安置受灾人员，统筹协调应急救助物资的调拨，及时为受灾人员提供食品、饮用水、衣被、取暖、临时住所、医疗防疫等应急救助，必要时对受灾人员开展心理抚慰，做好遇难人员善后事宜。乡镇人民政府、街道办事处和村民委员会、居民委员会根据自然灾害救助应急综合协调机构的安排开展自然灾害救助工作。

灾情稳定后，受灾地区人民政府应当在确保安全的前提下，为房屋因灾倒塌或者严重损坏无法居住的受灾人员安排临时住所；对无生活来源、无自救能力的受灾人员，给予一定时期的基本生活救助。

自然灾害生活救助标准由市自然灾害救助主管部门会同财政等部门根据本市经济社会发展水平和居民基本生活水平拟定，报市人民政府批准、公布。

**（五）临时救助**

本市对具有下列情形之一的家庭和个人，给予临时救助：

（1）因火灾、交通事故等意外事件，家庭成员突发重大疾病等原因，导致基本生活暂时出现严重困难的家庭。

（2）因生活必需支出突然增加超出家庭承受能力，导致基本生活暂时出现严重困难的本市最低生活保障家庭、低收入家庭。

（3）遭遇其他特殊困难，导致基本生活暂时出现严重困难的家庭。

（4）在本市行政区域内，因遭遇火灾、交通事故、突发重大疾病或者其他特殊原因，暂时无法得到家庭支持，导致基本生活陷入困境的个人。

根据临时救助对象的困难情形，采取发放临时救助金、提供救助服务、提供转介服务等方式给予救助。救助标准由市民政、财政等部门根据本市经济社会发展水平、居民基本生活水平和临时救助对象的困难类型、困难程度等因素拟定，报市人民政府批准、公布。

讨论：
1. 结合国家各项社会救助的相关规定，对比说明《北京市社会救助实施办法》考虑了哪些具体问题？具备哪些地方性特点？
2. 能否实施适用全国统一标准的社会救助办法？为什么？
3. 各地在制定自己的社会救助办法时，应该考虑哪些具体问题？

调研目的：
了解民政部《最低生活保障审核确认办法》中的相关规定，分析其具体操作办法。
调研内容：
以5~8人的小组为单位，利用各官方网站，完成以下调研：
（1）了解民政部《最低生活保障审核确认办法》的相关规定。
（2）选取某一地区，了解当地最低生活保障审核的具体办法。
（3）以所选地区为依据，分析最低生活保障审核过程中的具体困难。

## 练 习 题

**一、判断题**

1. 社会救助制度提供的仅仅是满足最低生活需求的资金或实物，目的是在公平与效率之间寻求适度的平衡。（　　）
2. 社会救助具有在确定的标准范围内向救助对象按需分配的特征。（　　）
3. 相对贫困又叫生存贫困，是指在一定的社会生产方式和生活方式下，个人和家庭依靠其劳动所得和其他合法收入不能维持其基本的生存需求。（　　）
4. 相对贫困是指在特定的社会生产方式和生活方式下，依靠个人或家庭的劳动力所得或其他合法收入虽能维持其食物保障，但无法满足在当地条件下被认为是最基本的其他生活需求的状态。（　　）
5. 发达国家实行的社会救助，其目标主要是针对相对贫困。（　　）
6. 社会救助是有别于按劳分配与按资分配的国民收入再分配手段，是一种按需分配。（　　）

7. 国家对在义务教育阶段就学的最低生活保障家庭成员、特困供养人员，给予教育救助。（　　）

8. 自然灾害救助款物专款（物）专用，有偿使用。定向捐赠的款物，应当按照捐赠人的意愿使用。（　　）

9. 自然灾害救助工作遵循以人为本、政府主导、分级管理、社会互助、灾民自救的原则。（　　）

10. 灾害救助只包括对人的救护，不包括对物的转移和保护。（　　）

二、选择题

1. 根据当地维持最低生活所需的物品和服务列出清单，根据市场价计算需多少现金，此金额即为最低生活保障金额。这种确定最低生活标准的方法是（　　）。

  A. 市场菜篮子法　　　　　　　B. 恩格尔系数法
  C. 国际贫困标准法　　　　　　D. 生活形态法

2. 根据一个国家或地区社会的平均收入水平来确定最低标准。一般情况下，最低生活保障相当于社会平均收入的 50%～60%。这种确定最低生活标准的方法是（　　）。

  A. 市场菜篮子法　　　　　　　B. 恩格尔系数法
  C. 国际贫困标准法　　　　　　D. 生活形态法

3. 社会救助资金的最主要来源是（　　）。

  A. 国家财政拨款　　　　　　　B. 信贷扶贫
  C. 社会捐赠和国际援助　　　　D. 社会救助基金增值

4. 国家对家庭人均收入低于当地政府公告的最低生活标准的人口给予一定现金资助，以保证该家庭成员基本生活所需的社会保障制度是（　　）。

  A. 最低生活保障　　　　　　　B. 特困人员救助供养
  C. 灾害救助　　　　　　　　　D. 专项救助

5. 以下不属于特困人员救助供养内容的是（　　）。

  A. 提供基本生活条件　　　　　B. 按月发放救助金
  C. 对生活不能自理的给予照料　D. 提供疾病治疗

6. 关于最低生活保障的说法中错误的是（　　）。

  A. 最低生活保障是保证基本生活的生活费用补贴，是为贫困人口提供的一种救济
  B. 享受这一社会保障具有永久性
  C. 最低生活保障线也即贫困线
  D. 原先享受最低生活保障的人口或家庭，如果收入有所增加，超过了规定的救济标准，则不再享受最低生活保障救济

7. 国家或社会对因遭遇各种灾害而陷入生活困境的灾民进行抢救和援助的社会救助是（　　）。

　　A. 灾害救助　　　　　　　　　　B. 最低生活保障

　　C. 特困人员救助供养　　　　　　D. 医疗救助

8. 以下不属于医疗救助对象的是（　　）。

　　A. 最低生活保障家庭成员

　　B. 特困供养人员

　　C. 县级以上人民政府规定的其他特殊困难人员

　　D. 有正式收入的企业职工

9. 以下对灾害救助特征的描述中，错误的是（　　）。

　　A. 紧急性　　　　　　　　　　　B. 救助内容与手段具有多样性

　　C. 灾害救助具有不确定性　　　　D. 灾害救助对象具有简单性

10. 以下说法中错误的是（　　）。

　　A. 国家对符合规定标准的住房困难的最低生活保障家庭、分散供养的特困人员，给予住房救助

　　B. 特困人员救助供养形式分为在家分散供养和在当地的供养服务机构集中供养

　　C. 只要社会成员符合社会救助的条件，就有权申请得到救助，反过来受益者则必须承担相应的义务

　　D. 决定最低生活标准的具体方法，主要有市场菜篮子法、恩格尔系数法、国际贫困标准法、生活形态法

### 三、简答题

1. 社会救助有哪些特征？
2. 社会救助包括哪些内容？
3. 什么是绝对贫困和相对贫困？
4. 什么是最低生活保障标准？
5. 简述最低生活标准的确定方法。
6. 社会救助有哪些管理模式？
7. 简述最低生活保障待遇的申领程序。
8. 简述特困人员救助供养的内容。
9. 简述灾害救助的特征。
10. 简述专项救助包括的内容。

## 延伸阅读

《社会救助与社会福利（第4版）》，钟仁耀主编，上海财经大学出版社，2018

**内容简介：** 该书用通俗易懂的语言对社会救助与社会福利进行了概述，有助于建立系统性的社会救助和社会福利的基础知识，同时书中还介绍了外国和中国的相关制度，内容完整，表述公正客观。

《贫穷的本质》，阿比吉特·班纳吉、埃斯特·迪弗洛著，景芳译，中信出版社，2018

**内容简介：** 该书作者进行了大胆研究，亲身体验了全世界至少8.65亿贫困人口的真实生活，这些贫困人口每天收入低于0.99美分。两位作者富有同情心地对贫困人群的生活现状进行了细致描述，并对贫穷的本质进行了深刻阐释，提出了令人深思的问题："什么形式的援助最有效？"

# 第六章 社会福利

第六章导读

> **学习目标**
> ◇ 正确理解社会福利的含义及特点。
> ◇ 了解社会福利的基本内容。
> ◇ 了解社会福利的形式。

**知识结构图**

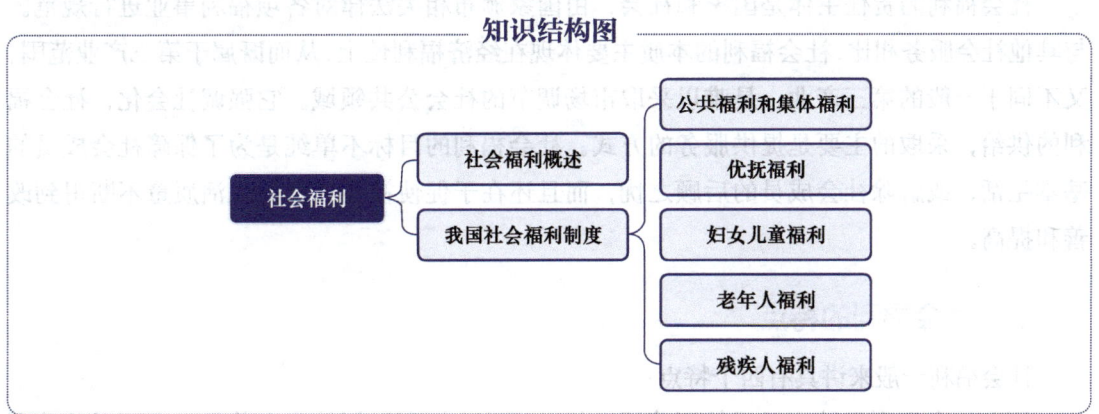

## 引导案例

### 社会福利院开启老人"互联网+"新生活

四川省乐山市社会福利院作为全国首批养老机构信息惠民工程试点单位,近年来,大力推进信息化建设工作助力智慧养老,在汲取信息技术先进经验的基础上,结合服务工作特点和入院老人实际需求,历时半年多的设计和开发,形成了集OA办公系统、HIS医疗管理系统、智能产品运用、移动终端服务于一体的"智慧之惠、乐享养老"信息平台,通过"互联网+"实现养老三个新突破,为人性化、精细化、亲情化服务插上信息化翅膀。

如今的乐山市社会福利院,处处充满着信息智慧的气息。生活在院的老人也在工作人员的引导下,开始全面融入互联网新生活。有的通过视频和亲朋好友聊天、有的建立微信群当起了群主、有的每天更新朋友圈展示自己的生活。信息化手段让老人们的生活更加丰富多彩,与家人的联系更加紧密,也赋予了老人更多了解社会、参与社交的机会和能力。在院老人的养老生活和"互联网+"结合得从未如此紧密,智慧之惠、乐享养老在这里变得触手可及。

**思考:**
你知道什么是社会福利吗?可以享受社会福利的社会群体有哪些呢?

# 第一节 社会福利概述

## 一、社会福利的概念

社会福利有广义和狭义的理解，广义的社会福利是指面对广大社会成员并改善其物质和文化生活的一切措施。狭义的社会福利基本上指向困难群体提供的带有福利性的社会支持，包括物质支持和服务支持。

社会福利的责任主体是国家和社会，由国家颁布相关法律对各项福利事业进行规范。与其他社会服务相比，社会福利的本质主要体现在经济福利性上，从而既属于第三产业范围，又不同于一般的第三产业，是难以采取市场调节的社会公共领域。它强调社会化，社会福利的供给，采取的主要是提供服务的方式。社会福利的目标不单纯是为了保障社会成员的基本生活，或解除社会成员的后顾之忧，而且还在于促使社会成员的生活质量不断得到改善和提高。

## 二、社会福利的特点

社会福利一般来讲具有四个特点：

（1）社会福利是社会矛盾的调节器。每一项社会福利计划的出台总是带有明显的功利主义目的，总是以缓和某些突出的社会矛盾为终极目标。

（2）社会福利的普遍性。社会福利是为所有公民提供的。

（3）利益投向呈一维性。即不要求被服务对象缴纳费用，只要公民属于立法和政策划定的范围之内，就能按规定得到应该享受的津贴服务。

（4）社会福利较社会保险而言是较高层次的社会保障制度，它是在国家财力允许的范围内，在既定的生活水平的基础上，尽力提高被服务对象的生活质量。

## 三、社会福利的形式

社会福利一般包括现金援助和直接服务。现金援助通过社会保险、社会救助和收入补贴等形式实现；直接服务通过兴办各类社会福利机构和设施实现。主要内容有：医疗卫生服务、文化教育服务、劳动就业服务、住宅服务、孤老残幼服务、残疾康复服务、犯罪矫治及感化服务、心理卫生服务、公共福利服务等。服务对象包括老年人、残疾人、妇女、儿童、青少年、军人及其家属、贫困者，以及其他需要帮助的社会成员和家庭等。服务的形式有人力、物力、财力的帮助，包括国家、集体、个人兴办的社会福利事业的收养、社区服务、家庭服务、个案服务、群体服务等。

## 四、社会福利的分类

按照社会福利资源的分配方式,可以将社会福利分为全民性社会福利与选择性社会福利。

### (一)全民性社会福利

全民性社会福利以普遍性为基础,体现普遍性社会原则,倾向于不加区别地给群体或某些社会群体的所有成员提供相同的福利待遇,如社会福利制度中的国民失业保险、家庭儿童津贴与退休保险、国民健康服务等。此方式的优点是:保障人群广泛,防患于未然;操作简便行政成本低;促进社会整合,降低社会矛盾。其缺点是:福利开支巨大,增加了政府的财政负担,不利于经济领域的扩大再生产;效率和效果难以保证,会导致福利资源的浪费,可能造成福利依赖。

### (二)选择性社会福利

选择性社会福利是通过社会福利机构将社会福利资源分配给那些真正需要福利服务的低收入者,其服务对象是有选择的而非全民的,选择的方法一般是通过"家计调查",体现特殊社会关照原则,社会应首先关照社会特困人群,如家庭补助、住房福利等。此方式的优点是:提高了社会政策行动效率,避免或降低了福利资源的无效使用;减轻了政府的财政负担,也能保证经济上的扩大再生产顺利进行;降低了普通人对福利的依赖;专门针对困难者的福利供给,可以收到较好的再分配效果。其缺点是:行政成本高;可能导致福利资源的无效使用,以及一些真正需要帮助的人被排除在外;较难避免"贫困烙印"现象,给受助者带来污名,操作复杂。

## 五、社会福利在现代社会保障制度中的地位

(1)社会福利是社会矛盾的调节器。

(2)每一项社会福利计划的出台总是以缓和某些突出的社会矛盾为终极目标。

(3)社会福利是社会保障体系中的最高纲领。

## 六、社会福利与社会保障的联系与区别

### (一)社会福利与社会保障的联系

(1)二者相互影响。以社会保险为主体的社会保障制度影响着整个社会福利制度建设,社会保障的项目、社会保障的待遇以及社会保障的提供方式都会影响社会福利的供给。

(2)二者主体基本相同。实施对象都是广大的社会成员,包括弱势群体和社会劳动者两部分。

(3)二者相互依附。社会福利是基于社会保障形成的,满足了人们的社会保障需求之后,才会追求相对较高的社会福利,社会保障是一种生存性福利,属于最低层次,而社会成员的幸福度主要是依赖于社会福利的供给情况。

### (二) 社会福利与社会保障的区别

（1）二者的资金来源与资源构成不同。社会保障的资金主要来源于政府的财政支出，再辅之以市场供款，相对来说，资源的来源渠道比较固定和明确；社会福利的资金主要来源于国家财政支出，除此之外，还包括其他众多渠道，如家庭、单位、社区、宗教团体、市场以及志愿机构等，其资金来源具有显著的多元化特征。

（2）二者的功能不同。社会保障尤其是其中的社会救助发挥出了巨大的社会作用，起到了有效的社会控制与社会治疗作用，同时还有助于工作伦理的强化；而社会福利则是确保政府各种功能得到有效发挥，不断提升人民的生活质量，尽量减少社会不平等现象，创造平等和谐的社会环境。

（3）二者的保障方式不同。社会保障主要为实物救济和现金保障，提供服务保障相对较少；社会福利主要是为福利接受者提供服务，并辅之以一定的实物补助和经济保障。

（4）二者的服务范围与服务内容不同。社会保障包括社会救助、社会保险、国家财政补贴、家庭津贴、储蓄基金、单位规定的补充条款、与社会保障相关的各种补充方法；而社会福利范围包括社会保险、教育福利、住房福利、健康服务、个人社会服务和就业服务等。

## 第二节 我国社会福利制度

社会福利制度是指政府出资为那些生活困难的老人、孤儿和残疾人等特殊困难群体提供生活保障而建立的制度，具体而言包括以下内容：公共福利和集体福利、优抚福利、妇女儿童福利、老年人福利和残疾人福利。

### 一、公共福利和集体福利

这项福利内容主要包括劳动保险、医疗保健、文化、教育、娱乐等公共福利。例如，面向社会全体成员、家庭、公司和社区提供所需资源，保证每个人都有社会福利可以帮助实现相应的需要。提供劳动者必备的福利待遇、预防性卫生服务，提供健康的生活环境、各种免疫，急、慢性传染病的预防与控制，提供文化娱乐活动场所及设施，实行教育优先与发展教育福利的政策，推行义务教育等。

### 二、优抚福利

这项福利内容指对荣誉军人、退伍军人、残疾军人提供医疗、休养、康复、安置等项社会服务和福利服务。（见本教材第七章）

### 三、妇女儿童福利

妇女儿童福利是妇女福利和未成年人福利的合称，是国家和社会为满足妇女、未成年人的特殊需要和维护其特殊利益而提供的照顾和福利服务。妇女福利包括特殊津贴与照顾、妇女劳保福利及福利设施和福利服务；儿童福利也叫未成年人福利，是指面向未满18周岁的社会成员提供的各种福利，包括儿童医疗保健设施和服务、儿童的活动场所和条件、普及义务教育及孤残儿童福利事业等。

### 四、老年人福利

这项福利通过兴办社会福利院、敬老院、老年公寓、老年活动中心、老年康复中心等福利设施，为老年人（包括孤寡老人）提供免费或低收费的福利服务。

我国为老年人提供各种形式的福利，体现为物质、医疗和精神生活等各个方面。对于没有生活保障的老年人，提供生活照料；同时重视老年人的医疗保健，提供各种医疗保障待遇；此外，还重视老年人的精神文化需求，通过老年人活动中心等场所为老年人开展精神文化活动。

**国内热点 6-1**

**明确儿童关爱服务、老年人福利补贴方面国家标准**

2021年4月21日，国新办举行《国家基本公共服务标准（2021年版）》发布会。民政部规划财务司负责人在回答记者提问时表示，《国家基本公共服务标准（2021年版）》在儿童关爱服务、老年人福利补贴方面做出了相应规定，明确儿童关爱服务包括特殊儿童群体基本生活保障、困境儿童保障和农村留守儿童关爱保护。其中，特殊儿童群体基本生活保障的对象是孤儿、艾滋病病毒感染儿童和事实无人抚养儿童。目前全国有6万名集中养育孤儿，平均保障标准为每人每月1611.3元；有13.4万名社会散居孤儿，平均保障标准为每人每月1184.3元。有25.3万名事实无人抚养儿童纳入保障范围，保障标准由各地按照与孤儿基本生活费标准相衔接的原则确定。中央财政通过转移支付对上述资金给予补助。同时，民政部用本级彩票公益金开展了面向孤儿的助医助学项目，即"孤儿医疗康复明天计划"和"福彩圆梦——孤儿助学工程"。新冠肺炎发生以来，各地民政部门指导乡镇儿童督导员、村居儿童主任加大对困境儿童群体的走访摸排力度，对符合孤儿、艾滋病病毒感染儿童、事实无人抚养儿童申请条件的，简化审批程序或先保后补。

负责人介绍，老年人福利补贴主要包括：一是为65岁以上老年人提供能力综合评估。二是为经济困难老年人提供养老服务补贴；为经认定生活不能自理的经济困难老年人提供护理补贴；为80岁以上老年人发放高龄津贴。具体认定评估办法和补贴标准由地方人民政府制定。在实践中，一些有条件的地方做了有益探索，逐步提高了补贴标准和扩大覆盖面。据不完全统计，截至2020年年底，全国共有3000多万老年人享受了福利补贴、护理补贴和高龄津贴，有效缓解了部分老年人实际生活困难。

负责人指出，民政部将联合有关部门，重点做好以下工作：一是制定并发布老年人能力评估国家标准，统一开展老年人能力评估，评估结果作为领取老年人福利补贴、享受基本养老服务的依据。二是完善老年人福利补贴制度。三是鼓励有条件的地区对老年人福利补贴提标扩面，不断增加制度的含金量。四是不断推进工作的精准化、规范化、便捷化，争取在2021年年底前所有地区都开通亲友代办和线下办理，解决因智能化技术应用给老年人申领补贴带来的困难。

## 五、残疾人福利

这项福利是指为残疾人提供就业、教育、康复、文化娱乐的条件和设施，生产残疾人使用的各种假肢和特殊用具，以及提高残疾人的社会地位等。从预防、康复、教育、就业、文体、无障碍环境等各个方面，为残疾人提供全方位的权益保障。

### 国内热点 6-2

**"十三五"城乡新增181万残疾人就业**
**每年平均有40万残疾人参加政府补贴职业培训**

人力资源和社会保障部就业促进司负责人2021年7月29日在国新办发布会上介绍，"十三五"期间，我国残疾人就业规模不断扩大，城乡新增181万残疾人就业；技能培训覆盖面不断拓展，每年平均有40万残疾人参加政府补贴的职业培训项目。

负责人表示，"十四五"期间，人社部将会同中国残联等部门，深入贯彻《"十四五"残疾人保障和发展规划》，以多形式残疾人支持体系基本形成、残疾人实现较为充分较高质量就业为目标，努力帮扶残疾人就业创业。

（1）强化政策扶持。推进残疾人就业条例的修订，实施残疾人就业促进专项行动，落实残疾人就业扶持政策，对吸纳残疾人就业的用人单位给予补贴支持。同时，进一步拓宽残疾人就业渠道，促进残疾人按比例就业、辅助性就业、集中就业、自主就业和灵活就业。对通过市场渠道难以实现就业的残疾人，实施公益性岗位托底安置。

（2）强化技能提升。持续实施残疾人职业技能提升计划，开发线上线下相结合、符合残疾人需求的优质培训资源，帮助其提升职业素质和就业技能。举办第七届全国残疾人职业技能竞赛暨第四届全国残疾人展能节等活动，展示残疾人能工巧匠的卓越技能和自强不息的精神风貌。

（3）强化就业服务。充分发挥公共就业服务机构、市场机构、社会组织的作用，为残疾人提供职业指导、职业介绍等全链条、专业化、精准化的就业服务。同时也加强就业援助，对就业困难的残疾人提供"一对一"的重点帮扶。

（4）强化权益维护。依法保障残疾人就业权益，督促指导用人单位为残疾职工提供适合其身心特点的劳动条件、劳动保护以及一些合理便利。加强残疾人劳动保障监察，持续开展人力资源市场秩序清理整顿等专项行动，坚决防范和打击侵害残疾人就业权益的行为。

### 六、我国社会福利制度现状

（1）社会福利的覆盖范围逐渐扩大。老年人福利、儿童福利和残疾人福利的覆盖人群较之以前都有了很大扩展。例如，在儿童福利方面，从只面向福利院的孤儿扩展到面向全社会儿童。

（2）福利内容更加丰富。过去福利只关注服务对象基本的抚养、生活照料问题，现在则发展为全面关注服务对象的医疗、保健、康复、护理及文体娱乐、精神慰藉等各个方面。

（3）社会福利供给多元化。社会资源与民间力量广泛参与到社会福利的投资、管理、服务提供等各个领域，由单一政府提供社会福利的格局发展为由政府、社会组织、社区、企业机构等主体共同参与的多元化福利格局。

### 七、我国目前社会福利制度面临的问题

（1）老龄化趋势日渐明显。我国老龄人口基数大、增长速度快、高龄化趋势日益明显，家庭养老压力逐渐增大，急需政府和社会力量为养老问题提供保障。

（2）社会福利发展的地区差异较大，不平衡极其严重。发达和落后地区的社会福利投入力度差别很大，收入发展严重不平衡，东西部地区之间、农村和城镇之间的社会福利水平差距显著。

（3）社会福利立法工作严重滞后。我国的社会福利制度历经几十年的发展，到目前为止仍没有一部综合性的社会福利法律。没有法律保障，社会福利的真正效用就不能得到充分发挥。

（4）社会福利的社会化程度较低。全社会在社会福利中的参与程度不高，主要还是依靠政府办福利，全社会的社会福利意识不强，社会合作机制难以形成。

**国内热点 6-3**

#### 老年保障体系建设刻不容缓

第七次全国人口普查主要数据显示，全国 60 岁以上老年人口已达到 2.6 亿人，占总人口比提升至 18.7%，其中 65 岁及以上人口 1.9 亿。

在老年保障体系建设过程中，应将经济保障作为老年保障的首要内容，建立科学的老年经济保障机制，让老年人获得适度、稳定的经济来源。

服务保障的目的在于更有效地提高老年人生活质量。可以采取"有偿"与"无偿"相结合的方式，对部分孤寡老人、"五保户"、贫困老人给予一定的基本无偿服务。同时，对经济收入相对较高的老人，鼓励其通过市场购买方式获取服务。在此过程中，政府需加强市场监管并提供一定的政策支持。

除了资金投入和制度建设，加强老年保障体系建设也离不开科学、高效的管理体制。应积极、稳妥地推进老年保障立法，推动政府职能向监督管理、提供基本养老保障转变，构

建适度集中、权责一致的老年保障监督管理体制和协调机制。老年保障的责任主体包括政府主体、市场主体、社会主体、混合主体四大类,据此划分,从供给侧结构性改革角度切入,探索建立"四支柱"老年保障体系。具体来看,"四支柱"分别为福利性养老保障支柱、社会保险型养老保障支柱、社会性养老保障支柱、商业性养老保障支柱。

福利性养老保障既包括对贫困老年人给予最低生活的经济支持,又包括对部分弱势老年群体提供免费的基本养老公共服务。

社会保险型养老保障遵循权利与义务相结合的原则,主要由雇主和雇员共同缴费筹资,强调社会保险体系的自我平衡。

社会性养老保障主要基于公益慈善事业,以民间组织作为养老保障的主体。

商业性养老保障强调在老年保障过程中对于市场资源和市场机制的运用,即以市场化方式为老年人提供更高、更多样化的老年保障,以满足不同收入人群的差异化保障需求。

## 本章小结

| | 章节知识结构 | 学习的重点与难点 |
| --- | --- | --- |
| 社会福利概述 | 社会福利的概念<br>社会福利的特点<br>社会福利的形式<br>社会福利的分类<br>社会福利在现代社会保障制度中的地位<br>社会福利与社会保障的联系与区别 | 重点:社会福利的概念及特点<br>难点:社会福利与社会保障的联系与区别 |
| 我国社会福利制度 | 公共福利和集体福利<br>优抚福利<br>妇女儿童福利<br>老年人福利<br>残疾人福利 | 重点:我国社会福利制度的具体分类<br>难点:我国社会福利制度的各项具体内容 |

 案例分析

### 《上海市妇女儿童发展"十四五"规划》相关情况

上海市政府新闻办 2021 年 7 月 27 日举行市政府新闻发布会,市妇儿工委负责人介绍了《上海市妇女儿童发展"十四五"规划》相关情况。市妇儿工委、市卫生健康委、市教委及市民政局相关工作人员出席发布会,共同回答记者提问。

**1. 指导思想和总体目标**

坚持男女平等基本国策和儿童优先基本原则。在上海加快推动高质量发展、创造高品质生活、实现高效能治理的进程中，坚持以人民为中心的发展理念，进一步融入妇女儿童发展视角，实施与建设具有世界影响力的社会主义现代化国际大都市地位相匹配的妇女儿童发展战略；进一步推动妇女儿童在各领域获得更加平等、优先的发展；进一步提高妇女儿童发展水平和综合竞争力，全面提升城市发展软实力，持续增强妇女儿童的获得感、幸福感、安全感。到2025年，上海妇女儿童发展水平保持"国内领先、国际先进"。

**2. 优先发展领域和主要指标**

妇女优先发展领域包括"政治和社会参与、经济参与、科教文化、身心健康、婚姻家庭、权益保障"6个领域，共设定33个主要指标，对比"十三五"规划，调整1个领域，增加9个指标；儿童优先发展领域包括"儿童健康、儿童教育、儿童安全、儿童福利、家庭养育、成长环境"6个领域，共设定28个主要指标，对比"十三五"规划，增加1个领域、9个指标。

**3. 规划的亮点**

（1）关注妇女发展，提升妇女在经济社会发展中的影响力。结合上海市产业转型发展战略，加大女性职业技能培训和女大学生就业指导，吸引和帮助更多女性在新兴产业和行业实现就业；引导女性融入长三角一体化发展。

（2）重视家庭建设，落实"三个注重"要求。在制定实施相关法律法规和公共政策中引入家庭视角，建立完善生育支持、幼儿养育等家庭政策，减轻生养子女家庭负担。

（3）重视妇幼健康，加大妇女儿童公共卫生服务。实现妇女全生命周期享有良好的基本卫生保健服务，女性健康期望寿命逐步提升，逐步健全覆盖全市的老年心理和认知障碍的筛查与监测干预体系。建立儿童早期发展基地，逐步完善儿童发育障碍的早期筛查干预制度；建立儿童心理健康问题的预防、评估、干预和转介机制，加强对儿童心理问题的早期发现与早期干预。

（4）重视环境优化，创建儿童友好社区。全面构建妇女儿童友好环境。在城市规划、社区建设过程中体现性别平等意识和儿童利益最大化原则，将对妇女、儿童和家庭特殊需求的考量融入城市规划的整体思路中。

（5）加大对特殊困境儿童的精准救助帮扶力度，加强儿童福利机构建设。健全面向因自然灾害、公共卫生危机、家庭失能等原因形成的困境儿童的发现报告机制、应急处置机制、评估帮扶机制和监护干预机制。通过公建公营、公建民营等方式，建设区级儿童福利机构。

（6）重视儿童网络安全。探索发展网络安全工具，清理网站青少年板块、少儿频道中涉色情、暴力等违法违规和不良信息，净化儿童上网环境。

（7）建立性别统计数据平台。推动性别统计数据库建设，开发性别统计数据平台。探索实现以人为对象的数据实时提取和精细化匹配，为性别平等红线提供监测和预警机制。

**4. 确定重大事项**

规划确定"十四五"期间7项重大事项，分别是：建立上海女性身心健康发展研究中心；实施更年期和老年期妇女骨骼健康管理项目；建立儿童早期发展基地；完善上海市妇女儿童传染病应急救治体系；建设儿童友好社区；建立性别统计数据平台；研究建设中福会少年宫新宫（扩建）。

**讨论：**
1. 请结合案例论述我国妇女儿童福利政策的发展。
2. 结合案例说明《上海市妇女儿童发展"十四五"规划》对全国有何借鉴意义。
3. 简述妇女儿童福利建设方面有哪些现实困难和阻力。

社会实践

**调研目的：**
了解我国社会福利发展的进程。

**调研内容：**
以5～8人的小组为单位，利用中国社会科学网 http://www.cssn.cn，完成以下调研：
（1）了解我国社会福利制度的演变过程。
（2）选取某一东部地区，了解我国社会福利政策在当地的执行情况及目前取得的进展。
（3）再选取某一西部地区，运用数据对比说明东西部地区社会福利发展的差距。

## 练 习 题

**一、判断题**

1. 社会福利的责任主体是企业，由国家颁布相关法律对各项福利事业进行规范。（    ）
2. 社会福利的供给采取的主要是提供服务的方式。（    ）
3. 社会福利是为所有公民提供的。（    ）
4. 社会福利不以现金援助方式提供。（    ）
5. 选择性社会福利是通过社会福利机构将社会福利资源分配给那些真正需要福利服务的低收入者，其服务对象是有选择的而非全民的。（    ）
6. 社会福利制度中的国民失业保险、家庭儿童津贴、退休保险和国民健康服务等，属于全民性社会福利。（    ）

7. 社会福利的资金主要来源于国家财政支出，除此之外，还包括其他众多渠道，如家庭、单位、社区、宗教团体、市场以及志愿机构等，其资金来源具有显著的多元化特征。（　　）

8. 儿童福利也叫未成年人福利，是指面向未满16周岁的社会成员提供的各种福利。（　　）

9. 社会福利是基于社会保障形成的，满足了人们的社会保障需求之后，才会追求相对较高的社会福利。（　　）

10. 社会福利范围包括社会保险、教育福利、住房福利、健康服务、个人社会服务和就业服务等。（　　）

## 二、选择题

1. 下列关于社会福利特点的描述中，错误的是（　　）。
    A. 社会福利是社会矛盾的调节器
    B. 社会福利不具有普遍性，不是为所有公民提供的
    C. 利益投向呈一维性，即不要求被服务对象缴纳费用，只要公民属于立法和政策划定的范围之内，就能按规定得到应该享受的津贴服务
    D. 社会福利较社会保险而言是较高层次的社会保障制度，它是在国家财力允许的范围内，在既定的生活水平的基础上，尽力提高被服务对象的生活质量

2. 以下不属于社会福利内容的是（　　）。
    A. 社会保险　　　B. 教育福利　　　C. 住房福利　　　D. 储蓄基金

3. 以下说法中错误的是（　　）。
    A. 全民性社会福利以普遍性为基础，体现普遍性社会原则
    B. 选择性社会福利是通过社会福利机构将社会福利资源分配给那些真正需要福利服务的低收入者，其服务对象是有选择的而非全民的
    C. 社会保障是一种生存性福利，属于最低层次，而社会成员的幸福度主要是依赖于社会福利的供给情况
    D. 社会福利包括社会救助、社会保险、国家财政补贴、家庭津贴和储蓄基金等

## 三、简答题

1. 如何理解社会福利的概念？
2. 简述社会福利制度的基本框架。
3. 简述社会福利制度的分类并说明其内容。
4. 说明社会福利与社会保障的关系。
5. 简述我国社会福利制度的基本内容。

## 延伸阅读

**《福利国家的变迁：比较视野》**，马丁·瑟勒博-凯泽著，文姚丽主译，中国人民大学出版社，2020

**内容简介：** 该书从比较的视野梳理了福利社会的变迁，界定了社会政策中"公"与"私"的界限，对近十年来欧洲及日本福利国家的多样性改革进行了一个细致入微的全面考察，研究了福利国家政策干预的各种模式，如融资政策、财政资金的供给及社会政策的管理等。

**《中国儿童福利与保护改革研究》**，薛在兴编著，知识产权出版社，2019

**内容简介：** 该书旨在为新时期完善我国儿童福利和保护政策提供总体思路和具体建议。内容包括对现行儿童福利和保护政策的梳理和问题分析，探讨儿童福利和保护改革试点的经验与不足，提出我国儿童福利和保护政策的总体设想，并提出完善相关政策的可行建议。

# 第七章 军人保障

第七章导读

### 学习目标

- ◆ 正确理解军人保障的概念。
- ◆ 掌握军人保障制度的基本内容。
- ◆ 了解军人保障制度的特殊性及独特地位。

### 知识结构图

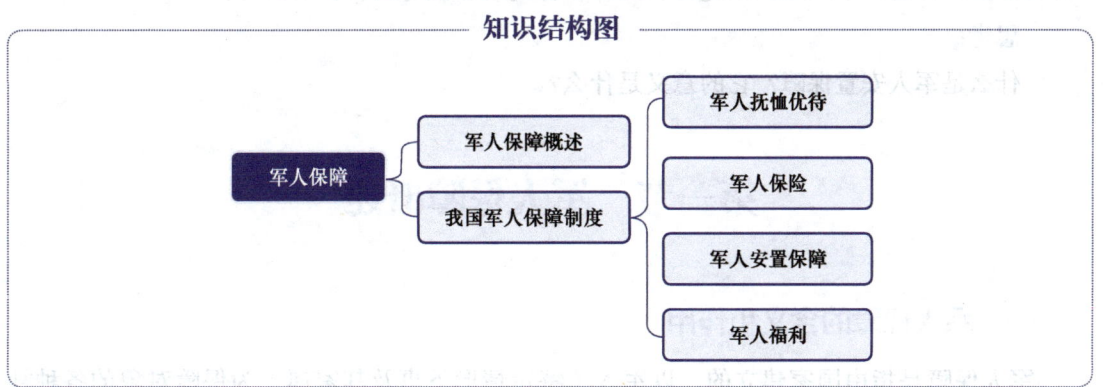

### 引导案例

**关于共同促进自主就业退役军人就业的倡议**

2020年7月,退役军人事务部、国务院国资委、中国银保监会、中国证监会、全国工商联联合发出《关于共同促进自主就业退役军人就业的倡议》,内容如下。

各国有企业、金融机构、民营企业:

退役军人是重要的人力人才资源,是建设中国特色社会主义的重要力量。退役军人中,自主就业退役军人占绝大多数,促进他们体面稳定就业,对服务国防军队建设、助推经济社会发展、实现"让军人成为全社会尊崇的职业"具有重大意义。

国有企业、金融机构和民营企业是创造社会财富的市场主体,是经济建设的主力军,是包括退役军人在内的广大劳动者就业的主阵地,为促进军事人力资源有效转化为经济社会建设人力资源做出了积极贡献。

广大退役军人为保家卫国、守疆安民做出过重要贡献,经受了军队大熔炉的长期淬炼,经过了军队大学校的严格教育,普遍具有忠诚担当、吃苦奉献、诚信守纪等优良品质,他们投身经济社会建设大潮中,许多成为各行业的模范和领军人物。新时代,兵员素质不断提高,大学生士兵已占大多数,本专科以上学历比例还将持续提升。退役军人到国有企业、金融机构、民营企业就业尽职,将有利于优化职工队伍结构和提升企业竞争力。为此,我们共同发出倡议:

希望广大国有企业、金融机构和民营企业响应党和国家号召,积极履行社会责任,与退役军人事务部门签订合作框架协议,在招聘人员时拿出一定数量岗位优先聘用符合条件的自主就业退役军人,为他们提供就业创业舞台,促进他们从军事人力资源有效转型为经济社会发展的重要力量。我们将建立政策激励机制,努力为你们提供服务,助力企业发展。

我们相信,有党中央、国务院的重视与关怀,有全社会的尊崇与关爱,有广大企业的支持与关心,广大退役军人一定能够获得更多、更稳定、更体面的就业机会。让我们共同努力,为国防军队现代化建设和经济社会发展多做贡献、再立新功!

思考:
什么是军人安置保障?它的意义是什么?

# 第一节 军人保障概述

## 一、军人保障的含义和作用

军人保障是指由国家建立的,以军人(特定情形下惠及其家属)为保障对象的各种社会保障制度的统称,是一个由国家(中央政府)直接负责、能够涵盖军人的多种风险的综合性保障制度。理论界以及官方文件中普遍将军人保障称为社会扶优或扶优安置。

军人保障是现代社会保障体系中既相对独立,又与其他社会保障系统相联系的子系统,是随着战争的存在而产生、随着军队的发展而逐步完善的。它与其他社会保障制度最大的不同在于它是以军人为保障对象的,带有明显的褒扬性质。建立军人保障制度,一方面对于保卫国家安全、促进国防和军队现代化建设具有重要意义,另一方面在稳定军心、保障军人权益、改善军民关系、维持社会稳定和进步方面发挥着持续有效的良好作用。

**国内热点 7-1**

### 尊崇军人内涵不断在丰富

2018 年 4 月 16 日,退役军人事务部挂牌仪式和成立大会在北京举行。退役军人事务部的成立,这一重大举措对于不断增强退役军人幸福感、激发广大官兵昂扬士气具有深远意义。作为国务院新组建部门,从体制机制上保障了退役军人的安置、服务和管理,温暖着退役军人、现役军人和军人家属的心,退役军人工作迈入新的发展阶段。

改革创新,履职尽责。2019 年 4 月,退役军人事务部成立一年来,退役军人事务部以习近平新时代中国特色社会主义思想为指导,深入学习贯彻习近平总书记关于退役军人工作重要指示精神,在党中央、国务院领导下,在军地相关部门支持下,边组建机构、边推进工作,各项工作平稳有序开展。从加快《退役军人保障法》等立法进程,到健全优待抚恤制度……一系列重磅政策陆续发布,一系列有力举措相继实施,极大地提升了退役军人服务保障水平,"让军人成为全社会尊崇的职业"有了组织支撑和机制保障。

党的十九大报告中提出的"推进军人荣誉体系建设""让军人成为全社会尊崇的职业",正在成为全社会的共识,也在各地两会议题中得以体现。

伴随地方两会有关议案、提案相继落地,军人军属的获得感明显增强。辽宁省出台《辽宁省拥军优属规定》,主要就明确拥军优属工作责任主体,拥军、优抚、安置、法律责任等方面做出明确规定,对于营造拥军优属的社会风尚起到重要作用。

地方两会上有关意见建议的梳理落实,让军人后顾无忧的社会氛围越来越浓厚。青岛创新建立退役军人就业创业"1+10"工作机制,出台21条就业帮扶政策、15条创业扶持政策和9条公益岗管理政策,搭建全方位就业帮扶政策体系。2020年,为退役军人提供岗位3.3万余个,累计为1000余家军创企业贴息2800多万元。

从地方到全国,国防和军队建设方面的"好声音"如雨后春笋般涌现。交通运输领域的"军人依法优先"带动了全国各个行业拥军优属新气象,基层官兵直接受益。军队代表、委员们坚信:伴随尊崇军人内涵的不断丰富,军人军属的幸福指数必将再攀新高。

## 二、军人保障的对象

按照国家相关法律、法令和条例的规定,军人保障对象有着严格的界定范围,具体包括:

### (一)中国人民解放军现役军人

中国人民解放军现役军人包括服现役的军官、军士、义务兵等。

### (二)烈士遗属

烈士遗属指经法定机关认定,得到"中华人民共和国烈士证明书"的遗属。

### (三)因公或因病死亡军人遗属

因公或因病死亡军人遗属是指经过法定机关认定,取得"中华人民共和国军人因公牺牲证明书"或"中华人民共和国军人病故证明书"的遗属。

### (四)复员军人

复员军人是指在1954年10月31日之前入伍、后经批准从部队复员的人员。

### (五)退伍军人

退伍军人是指1954年11月1日开始试行义务兵役制以后参加中国人民解放军、持有退伍或复原军人证件的人员。

### （六）军人家属

军人家属是指军人的配偶、父母（抚养人）、未成年子女、不能独立生活的成年子女。

## 三、军人保障的基本特征

### （一）保障对象的特殊性

军人保障以军人为保障对象，并惠及其家属。由国家对他们为维护国家和社会安全稳定而做出的牺牲和贡献给予补偿和褒扬。因此，军人保障是一种有着严格职业身份限制的保障制度，保障对象有别于一般社会保障的对象。

### （二）保障目标的双重性

一般社会保障的目标是从经济角度考虑，保障社会成员的基本生活，具有经济保障功能，而军人保障除了经济保障之外，还通过各种保障活动，向社会传递正能量，宣扬特殊贡献者的光荣事迹和高尚品德，树立道德榜样和学习楷模，因而还兼具有政治目标。

### （三）保障待遇的补偿性

军人保障具有补偿和褒扬激励作用，因此，与其他的社会保障相比，军人保障待遇要优厚，高于一般的保障标准。保障对象能够优先优惠地享有国家和社会提供的各种优待、抚恤、服务和政策扶持。这种特殊性，既体现了国家和社会对军人为保卫国家所做出贡献的补偿性，同时也体现了对军人的褒扬和激励性。

### （四）保障内容的全面性

军人保障不同于社会保险、社会救助、社会福利，他们都只承担社会保障的某一单方面任务，而军人保障是以一个特殊群体为对象，专门设立的一个综合保障子系统，包含了保险、救助和福利的相关内容，能够承担起对军人全面保障的责任。

> **国际视野 7-1**
>
> **英国退役军人的全民社会保障福利**
>
> 英国退役军人可以享受的英国全民福利保障包括：住房津贴、就业津贴、各类伤残津贴和家庭津贴，其中绝大部分福利由就业与养老金部审核发放。
>
> 现役军人和家属在驻扎海外期间可以申请豁免其国内房产的市政税，低收入退役军人可以享受国家"住房津贴"，同时，退役军人只要缴纳"国民保险费"，即可同其他就业者一样，按照缴费年限和额度在法定退休年龄之后领取"国家养老金"。如果退役军人或其家庭的收入低于一定数额，退役军人可以向国家申请福利中的"低收入津贴""低收入求职者津贴"和"就业收入津贴"。退役的伤残军人可以申领三种福利："残疾救

济金""残疾设施津贴"和"协助工作津贴"。

为了开源节流、提高救济效率和鼓励民众就业,英国开始推行新的"统一福利救济金"制度,对除伤残津贴之外的大部分全民福利待遇进行了深入改革,开拓渠道支持和鼓励福利救助人员提高就业能力,最终摆脱贫困以及对福利的依赖。新的制度将会减少大多数福利领取人的津贴,但对退役军人的津贴则加以保护。

### (五)经费主要来源于中央财政

一般社会保障制度通常是中央政府与地方政府分担责任,甚至地方政府承担主要责任。而军人保障,由于对象的特殊性,决定了其经费主要是依靠中央政府来保障。虽然有部分项目还需地方政府及社会来承担,但中央财政承担主要责任是中国乃至世界各国军人保障制度共同的特征。

## 四、军人保障的基本内容

军人保障的内容相对广泛,是针对特殊对象的一种较为全面的综合保障。各个国家由于政治背景和社会发展水平的不同,军人保障的基本内容会略有不同。军人保障基本内容体现在以下几个方面:

### (一)社会优待

社会优待是指国家和社会依法对保障对象提供资金和服务的优待性保障项目。资金保障是向保障对象提供各种生活津贴;服务保障主要是由社会各界(包括工作单位、社区组织或社会团体)提供的生活服务与生产服务,从而保证为国家做出特殊贡献者及其家属能够维持一定的生活水平。社会优待具体体现在医疗、交通、住房、就业、入学、贷款、参观、游览等方面的优惠待遇。

### (二)退役安置

退役安置是指军人结束部队生活后,由国家统一负责安排生活和就业的保障项目,以保障军人退役后的基本生活和生产。对年老退役军人如离休、退休人员的安置主要是解决老有所养问题;非年老退役军人,如转业、复员、退伍等人员的安置则是解决再就业问题。从资金保障方面,为保障对象提供安置费、临时性生活津贴和生产性贷款;从服务保障方面,则提供就业安置、技术培训、职业培训等服务。

### (三)伤亡抚恤

伤亡抚恤是指国家对革命烈士家属、因公牺牲、病故军人家属以及因战致残、因公致残和因病致残军人提供的抚恤金,使他们的基本生活得以保障。以上人员的伤亡,使其家属及本人遭受巨大精神痛苦,同时还丧失部分生活来源,因此,国家有责任和义务提供物质补偿以保障其家属或本人的基本生活。

## 第二节 我国军人保障制度

我国现行军人保障内容主要包括：军人抚恤优待、军人保险、军人安置保障和军人福利等内容。

### 一、军人抚恤优待

#### （一）军人抚恤优待概述

军人抚恤优待制度是随着战争的存在而产生的，并且随着军队的发展逐步完善。我国的军人抚恤优待制度自战争年代建立，至今经历了几次大的立法和修订，不断发展和完善。2004 年，国务院、中央军事委员会修订颁布《军人抚恤优待条例》，其内容包括了军人抚恤优待的原则、死亡抚恤、残疾抚恤、优待以及法律责任等，并于 2011 年和 2019 年两次进行了修订。

根据有关法律，中国人民解放军现役军人（以下简称现役军人）、服现役或者退出现役的残疾军人以及复员军人、退伍军人、烈士遗属、因公牺牲军人遗属、病故军人遗属、现役军人家属，是抚恤优待对象，依照条例的规定享受抚恤优待。

军人的抚恤优待，实行国家和社会相结合的方针，保障军人的抚恤优待与国民经济和社会发展相适应，保障抚恤优待对象的生活不低于当地的平均生活水平。同时，全社会应当关怀、尊重抚恤优待对象，开展各种形式的拥军优属活动。国家鼓励社会组织和个人对军人抚恤优待事业提供捐助。

军人抚恤优待所需经费由国务院和地方各级人民政府分级负担。中央和地方财政安排的军人抚恤优待经费，专款专用，并接受财政、审计部门的监督。

国务院退役军人事务部门主管全国的军人抚恤优待工作；县级以上地方人民政府退役军人事务部门主管本行政区域内的军人抚恤优待工作。国家机关、社会团体、企业事业单位应当依法履行各自的军人抚恤优待责任和义务。

#### （二）死亡抚恤

**1. 死亡抚恤的分类及确定标准**

现役军人死亡被批准为烈士、被确认为因公牺牲或者病故的，其遗属依照规定享受抚恤。

现役军人死亡，符合下列情形之一的，批准为烈士：

（1）对敌作战死亡，或者对敌作战负伤在医疗终结前因伤死亡的。

（2）因执行任务遭敌人或者犯罪分子杀害，或者被俘、被捕后不屈遭敌人杀害或者被折磨致死的。

（3）为抢救和保护国家财产、人民生命财产或者执行反恐怖任务和处置突发事件死亡的。

（4）因执行军事演习、战备航行飞行、空降和导弹发射训练、试航试飞任务以及参加武器装备科研试验死亡的。

（5）在执行外交任务或者国家派遣的对外援助、维持国际和平任务中牺牲的。

（6）其他死难情节特别突出，堪为楷模的。

现役军人在执行对敌作战、边海防执勤或者抢险救灾任务中失踪，经法定程序宣告死亡的，按照烈士对待。批准烈士，属于因战死亡的，由军队团级以上单位政治机关批准；属于非因战死亡的，由军队军级以上单位政治机关批准；属于第（6）项规定情形的，由中国人民解放军总政治部批准。

现役军人死亡，符合下列情形之一的，确认为因公牺牲：

（1）在执行任务中或者在上下班途中，由于意外事件死亡的。

（2）被认定为因战、因公致残后因旧伤复发死亡的。

（3）因患职业病死亡的。

（4）在执行任务中或者在工作岗位上因病猝然死亡，或者因医疗事故死亡的。

（5）其他因公死亡的。

现役军人在执行对敌作战、边海防执勤或者抢险救灾以外的其他任务中失踪，经法定程序宣告死亡的，按照因公牺牲对待。现役军人因公牺牲，由军队团级以上单位政治机关确认；属于第（5）项规定情形的，由军队军级以上单位政治机关确认。

现役军人因其他疾病死亡的，确认为病故。现役军人非执行任务死亡或者失踪，经法定程序宣告死亡的，按照病故对待。现役军人病故，由军队团级以上单位政治机关确认。

对烈士遗属、因公牺牲军人遗属、病故军人遗属，由县级人民政府退役军人事务部门分别发给"中华人民共和国烈士证明书""中华人民共和国军人因公牺牲证明书""中华人民共和国军人病故证明书"。

**2. 一次性抚恤**

现役军人死亡，根据其死亡性质和死亡时的月工资标准，由县级人民政府退役军人事务部门发给其遗属一次性抚恤金，标准是：烈士和因公牺牲的，为上一年度全国城镇居民人均可支配收入的20倍加本人40个月的工资；病故的，为上一年度全国城镇居民人均可支配收入的2倍加本人40个月的工资。月工资或者津贴低于排职少尉军官工资标准的，按照排职少尉军官工资标准计算。

获得荣誉称号或者立功的烈士、因公牺牲军人、病故军人，其遗属在应当享受的一次性抚恤金的基础上，由县级人民政府退役军人事务部门按照下列比例增发一次性抚恤金：

（1）获得中央军事委员会授予荣誉称号的，增发35%。

（2）获得军队军区级单位授予荣誉称号的，增发30%。

（3）立一等功的，增发25%。

（4）立二等功的，增发15%。

(5) 立三等功的，增发5%。

多次获得荣誉称号或者立功的烈士、因公牺牲军人、病故军人，其遗属由县级人民政府退役军人事务部门按照其中最高等级奖励的增发比例，增发一次性抚恤金。

对生前做出特殊贡献的烈士、因公牺牲军人、病故军人，除按照条例规定发给其遗属一次性抚恤金外，军队可以按照有关规定发给其遗属一次性特别抚恤金。

一次性抚恤金发给烈士、因公牺牲军人、病故军人的父母（抚养人）、配偶、子女；没有父母（抚养人）、配偶、子女的，发给未满18周岁的兄弟姐妹和已满18周岁但无生活费来源且由该军人生前供养的兄弟姐妹。

**3. 定期抚恤**

对符合下列条件之一的烈士遗属、因公牺牲军人遗属、病故军人遗属，发给定期抚恤金：

（1）父母（抚养人）、配偶无劳动能力、无生活费来源，或者收入水平低于当地居民平均生活水平的。

（2）子女未满18周岁或者已满18周岁但因上学或者残疾无生活费来源的。

（3）兄弟姐妹未满18周岁或者已满18周岁但因上学无生活费来源且由该军人生前供养的。

对符合享受定期抚恤金条件的遗属，由县级人民政府退役军人事务部门发给"定期抚恤金领取证"。

定期抚恤金标准应当参照全国城乡居民家庭人均收入水平确定。定期抚恤金的标准及其调整办法，由国务院退役军人事务部门会同国务院财政部门规定。县级以上地方人民政府对依靠定期抚恤金生活仍有困难的烈士遗属、因公牺牲军人遗属、病故军人遗属，可以增发抚恤金或者采取其他方式予以补助，保障其生活不低于当地的平均生活水平。

享受定期抚恤金的烈士遗属、因公牺牲军人遗属、病故军人遗属死亡的，增发6个月其原享受的定期抚恤金，作为丧葬补助费，同时注销其领取定期抚恤金的证件。

## （三）残疾抚恤

现役军人残疾被认定为因战致残、因公致残或者因病致残的，依照规定享受抚恤。

残疾的等级，根据劳动功能障碍程度和生活自理障碍程度确定，由重到轻分为一级至十级。残疾等级的具体评定标准由国务院退役军人事务部门、人力资源社会保障部门、卫生部门会同军队有关部门规定。

现役军人因战、因公致残，医疗终结后符合评定残疾等级条件的，应当评定残疾等级。义务兵和初级士官因病致残符合评定残疾等级条件，本人（精神病患者由其利害关系人）提出申请的，也应当评定残疾等级。因战、因公致残，残疾等级被评定为一级至十级的，享受抚恤；因病致残，残疾等级被评定为一级至六级的，享受抚恤。

因战、因公、因病致残性质的认定和残疾等级的评定权限是：

（1）义务兵和初级士官的残疾，由军队军级以上单位卫生部门认定和评定。

（2）现役军官、文职干部和中级以上士官的残疾，由军队军区级以上单位卫生部门认定和评定。

（3）退出现役的军人和移交政府安置的军队离休、退休干部需要认定残疾性质和评定残疾等级的，由省级人民政府退役军人事务部门认定和评定。

评定残疾等级，应当依据医疗卫生专家小组出具的残疾等级医学鉴定意见。残疾军人由认定残疾性质和评定残疾等级的机关发给"中华人民共和国残疾军人证"。

现役军人因战、因公致残，未及时评定残疾等级，退出现役后或者医疗终结满3年后，本人（精神病患者由其利害关系人）申请补办评定残疾等级，有档案记载或者有原始医疗证明的，可以评定残疾等级。现役军人被评定残疾等级后，在服现役期间或者退出现役后残疾情况发生严重恶化，原定残疾等级与残疾情况明显不符，本人（精神病患者由其利害关系人）申请调整残疾等级的，可以重新评定残疾等级。

退出现役的残疾军人，按照残疾等级享受残疾抚恤金。残疾抚恤金由县级人民政府退役军人事务部门发给。因工作需要继续服现役的残疾军人，经军队军级以上单位批准，由所在部队按照规定发给残疾抚恤金。

残疾军人的抚恤金标准应当参照全国职工平均工资水平确定。残疾抚恤金的标准以及一级至十级残疾军人享受残疾抚恤金的具体办法，由国务院退役军人事务部门会同国务院财政部门规定。县级以上地方人民政府对依靠残疾抚恤金生活仍有困难的残疾军人，可以增发残疾抚恤金或者采取其他方式予以补助，保障其生活不低于当地的平均生活水平。

退出现役的因战、因公致残的残疾军人因旧伤复发死亡的，由县级人民政府退役军人事务部门按照因公牺牲军人的抚恤金标准发给其遗属一次性抚恤金，其遗属享受因公牺牲军人遗属抚恤待遇。退出现役的因战、因公、因病致残的残疾军人因病死亡的，对其遗属增发12个月的残疾抚恤金，作为丧葬补助费；其中，因战、因公致残的一级至四级残疾军人因病死亡的，其遗属享受病故军人遗属抚恤待遇。

退出现役的一级至四级残疾军人，由国家供养终身；其中，对需要长年医疗或者独身一人不便分散安置的，经省级人民政府退役军人事务部门批准，可以集中供养。对分散安置的一级至四级残疾军人发给护理费，护理费的标准为：因战、因公一级和二级残疾的，为当地职工月平均工资的50%；因战、因公三级和四级残疾的，为当地职工月平均工资的40%；因病一级至四级残疾的，为当地职工月平均工资的30%。

退出现役的残疾军人的护理费，由县级以上地方人民政府退役军人事务部门发给；未退出现役的残疾军人的护理费，经军队军级以上单位批准，由所在部队发给。残疾军人需要配制假肢、代步三轮车等辅助器械，正在服现役的，由军队军级以上单位负责解决；退出现役的，由省级人民政府退役军人事务部门负责解决。

（四）优待

烈士遗属依照《烈士褒扬条例》的规定享受优待。义务兵服现役期间，其家庭由当地人民政府发给优待金或者给予其他优待，优待标准不低于当地平均生活水平。具体内容包括：

### 1. 生活优待

义务兵和初级士官入伍前是国家机关、社会团体、企业事业单位职工（含合同制人员的），退出现役后，允许复工复职，并享受不低于本单位同岗位（工种）、同工龄职工的各项待遇；服现役期间，其家属继续享受该单位职工家属的有关福利待遇。义务兵和初级士官入伍前的承包地（山、林）等，应当保留；服现役期间，除依照国家有关规定和承包合同的约定缴纳有关税费外，免除其他负担。义务兵从部队发出的平信，免费邮递。

### 2. 医疗优待

国家对一级至六级残疾军人的医疗费用按照规定予以保障，由所在医疗保险统筹地区社会保险经办机构单独列账管理。具体办法由国务院民政部门会同国务院人力资源社会保障部门、财政部门规定。

七级至十级残疾军人旧伤复发的医疗费用，已经参加工伤保险的，由工伤保险基金支付，未参加工伤保险，有工作的由工作单位解决，没有工作的由当地县级以上地方人民政府负责解决；七级至十级残疾军人旧伤复发以外的医疗费用，未参加医疗保险且本人支付有困难的，由当地县级以上地方人民政府酌情给予补助。残疾军人、复员军人、带病回乡退伍军人以及因公牺牲军人遗属、病故军人遗属享受医疗优惠待遇。具体办法由省、自治区、直辖市人民政府规定。中央财政对抚恤优待对象人数较多的困难地区给予适当补助，用于帮助解决抚恤优待对象的医疗费用困难问题。

在国家机关、社会团体、企业事业单位工作的残疾军人，享受与所在单位工伤人员同等的生活福利和医疗待遇。所在单位不得因其残疾将其辞退、解聘或者解除劳动关系。

### 3. 交通优待

现役军人凭有效证件、残疾军人凭"中华人民共和国残疾军人证"优先购票乘坐境内运行的火车、轮船、长途公共汽车以及民航班机；残疾军人享受减收正常票价50%的优待。现役军人凭有效证件乘坐市内公共汽车、电车和轨道交通工具享受优待，具体办法由有关城市人民政府规定。残疾军人凭"中华人民共和国残疾军人证"免费乘坐市内公共汽车、电车和轨道交通工具。

> **国内热点 7-2**

#### 北部战区军事运输投送调度中心联合地方推出"四优"服务——"军人依法优先"服务实现升级

2020年9月，北部战区军事运输投送调度中心与辽宁、吉林、黑龙江、山东、内蒙古4省1区18家地方交通运输单位签订惠军服务协议，提供"军人依法优先"服务：中铁渤海铁路轮渡票价7.5折、EMS和顺丰速运邮费8.5折、中铁快运邮费7.5折……惠及对象包括现（退）役军人、军校学员、文职人员、军队离退休干部、革命伤残军人及上述人员家属、烈士遗属，使"军人依法优先"真正落到实处。

该调度中心自成立以来，为巩固深化军人优先政策，积极协调机场、车站、港口，围绕军人出行、食宿、邮政快递等方面做好保障服务，并且于2019年4月以内蒙古自治区为试点，与中铁快运呼和浩特分公司签订协议，为军人军属和军队离退休人员提供发送快递优先接待、优先办理、优先提货、优先派送"四优先"服务和7.5折邮费优惠；协调千余家中国邮政营业网点，对现役军人、军属、退役军人提供"四优先"服务和8.5折邮费优惠。

在试点基础上，该调度中心深入调研，制定"四优"服务保障标准，并将其向战区内其他四省推广。

（1）优质。在具备条件的机场、车站、港口，设有军人候车（船）场所，提供免费热水、报刊书籍、Wi-Fi、充电等服务；伤残军人出行，车站、港口、机场安排专门陪护，协助进站（港）接送，提供助残设施设备；团体军人出行，设置专员引导部队提前进站（港口、机场），在专门区域候车（船、机），提前进站。

（2）优先。军人与随行家属乘坐公共交通工具，优先购票安检；车站、港口、机场工作人员主动引导军人享受优先服务；公共交通工具上有空余座位时，优先安排给有需求的军人及家属；军人军属办理邮政、中铁快运业务时，优先接待受理。

（3）优惠。车站、港口、机场内或公共交通工具上的购物、餐饮场所为军人提供优惠服务；现役军人购买车票（船票、机票）、办理邮政和中铁快运业务时，运输企业给予打折优惠。

（4）优待。在车站、港口、机场的售票口、检票口、安检口等醒目位置布设"军人依法优先"标识，展示彰显军人荣誉的图片，广播"军人依法优先"规定，营造尊崇军人良好氛围。

为顺利开展"四优"活动，该调度中心还协同运输企业先期组织人员培训，建立任务通报、投诉处理、应急处置、奖惩激励等机制，确保军地联动形成保障"军人依法优先"合力。

### 4. 其他优待

现役军人、残疾军人凭有效证件参观游览公园、博物馆、名胜古迹享受优待，具体办法由公园、博物馆、名胜古迹管理单位所在地的县级以上地方人民政府规定。

因公牺牲军人、病故军人的子女、兄弟姐妹，本人自愿应征并且符合征兵条件的，优先批准服现役。义务兵和初级士官退出现役后，报考国家公务员、高等学校和中等职业学校，在与其他考生同等条件下优先录取。

此外，在承租、购买住房、费用减免、优先进入福利机构等方面也均享有优待。

## 二、军人保险

### （一）军人保险制度概述

军人保险是我国社会保障体系的重要组成部分。我国军人保险从1998年建立实施以来，从 1998 年的 1 项，发展为现今的 12 项；保险对象从最初的现役军人，拓展到军队文职人员、军队职工和军人家属；保障范围从只进行"伤亡补偿"，到对"伤亡风险、行业责任和军人家庭"的全面保障……时至今日，在国家和军队共同努力下，逐步与国家经济社会发展和社会保障体系改革相融合，形成了与国家社会保险制度相衔接，以商业保险为补充的多层次、多渠道保障体系，对维护官兵合法权益、增强军队凝聚力，提高部队战斗力起到了积极作用。

1998 年 8 月，《中国人民解放军军人伤亡保险暂行规定》在全军实行，标志着军人保险制度开始建立。2000 年 1 月 1 日，建立了军人退役医疗保险制度。2004 年 1 月 1 日，随军未就业的军人配偶保险制度开始实施。2010 年，军队首次引入商业保险机制，统一为军人投保伤亡附加保险。2012 年，《中华人民共和国军人保险法》正式颁布，让退役军人养老、医疗和失业等社会保险待遇依法得到保障。2015 年，国务院、中央军委批准《关于推进商业保险服务军队建设的指导意见》，首次从国家层面对商业保险服务军队建设做出制度安排。一系列制度措施的创新出台，提升了普通官兵的幸福指数。

（二）军人保险制度的内容

**1. 保障因战、因公伤亡的军人，以及因病致残的义务兵和初级士官的保险项目**

（1）军人伤亡保险制度。根据 2012 年颁行的《中华人民共和国军人保险法》，军人因战、因公死亡的，按照认定的死亡性质和相应的保险金标准，给付军人死亡保险金。军人因战、因公、因病致残的，按照评定的残疾等级和相应的保险金标准，给付军人残疾保险金。

当现役军人因战、因公死亡时，其法定保险金受益人可以领取一次性死亡保险金。军人死亡保险金给付标准，由总部定期公布。当现役军人因战、因公、因病致残时，按照评定的残疾等级，享受军人残疾保险待遇，军人本人可以领取一次性残疾保险金。军人残疾保险金按发生伤残当月本人工资收入乘以相应给付月数确定。

符合享受军人伤亡保险待遇的，由军人本人或法定保险金受益人提出书面申请，提供相关证明材料，由所在单位财务部门按规定办理审批手续。军人伤亡保险金由军人所在单位财务部门，按照批准的数额给付保险金受益人。

已领取过残疾保险金的，因残情加重又被评定了更高残疾等级的，按照提高后的残疾等级标准补齐差额；发生二次致残的，按照重新评定的残疾等级领取残疾保险金；因旧伤复发死亡的，按照认定的死亡性质给付死亡保险金。

（2）军人伤亡附加保险制度。军人伤亡附加保险制度于 2012 年 7 月 1 日实行。为体现军人职业的特殊性，进一步提高伤亡军人总体补偿水平，军人发生伤亡时，在领取伤亡保险金基础上，再领取伤亡附加保险金。军人伤亡附加保险是由军队统一向商业保险公司购买的团体商业保险。军人伤亡附加保险待遇享受对象为现役军官、文职干部、士官、义务兵和供给制学员。

当现役军人因战、因公死亡或者病故时，根据死亡性质和承担任务、所在岗位风险程度，按照相应标准,由死亡军人的法定保险金受益人领取军人死亡附加保险金;当现役军人因战、因公、因病致残时,军人本人可以根据致残原因、残疾等级,按照军人死亡附加保险金的不同比例,领取军人残疾附加保险金。

符合享受军人伤亡附加保险待遇的,由军人本人或死亡军人附加保险金受益人提出书面申请,提供相关证明材料,由所在单位财务部门按规定办理审批手续,按批准数额给付保险金受益人。

**2. 保障退役军人的保险项目**

(1) 军人退役养老保险制度。军人退役养老保险制度于2012年7月1日开始实施,是为了保障军人退役后享有国家规定的养老保险待遇,解决养老保险政策军地衔接问题。军人退出现役参加地方基本养老保险的,国家给予退役养老保险补助。该项保险不能以现金方式直接发给本人。

军人退役养老保险待遇享受对象包括2012年7月1日以后下达转业、复员或退役命令,计划分配转业到企业工作和复员的军官、文职干部,以及退役的士兵,按规定享受军人退役养老保险补助待遇。

军人退出现役时,由所在单位财务部门计算退役养老保险补助金额,通过银行将补助资金划转至户籍地或安置地社会保险经办机构。退役军人携带"军人退役养老保险参保缴费凭证""军人退役养老保险关系转移接续信息表",以及银行汇款凭证复印件,及时到户籍地或安置地社会保险经办机构办理保险关系接续手续。

(2) 军人职业年金制度。从2014年10月1日起,国家在给予退役军人基本养老保险补助的基础上,再给予一份军人职业年金,充分体现了国家对军人职业的价值肯定和贡献认定。根据这项规定,士兵退役离开部队时,由军队财务部门按照个人2014年10月1日以后服役期间各月缴费工资一定比例的总和,一次性计算给予军人职业年金补助。同时,为退役士兵开具"军人职业年金缴费凭证"。在目前各地机关事业单位养老保险经办没有正式启动、大多数企业没有建立年金的情况下,军队将军人职业年金补助资金和缴费凭证交给个人,退役士兵如果到机关事业单位工作或者到已经建立企业年金的单位工作,需要将补助资金和缴费凭证交给单位,由单位按规定办理年金接续手续;如果到没有建立企业年金的单位工作或者返回城乡,补助资金由个人支配使用。

(3) 军人退役医疗保险制度。为保障军人退出现役后能够享受国家规定的医疗保险待遇,实现军地医疗保险关系的顺畅衔接,国家从2000年开始建立军人退役医疗保险。军人退役医疗保险待遇的享受对象包括师职以下现役军官、专业技术四级以下文职干部、士官、义务兵和供给制学员。

军队为师(含)职以下现役军官、士官建立退役医疗保险个人账户,将个人缴费、国家补助、军龄补助、利息收入四部分资金全部记入退役医疗保险个人账户,形成军人退役医疗保险基金。军人服现役期间享受免费医疗待遇,医疗保险个人账户资金在军队期间只积累不消费。

军官、文职干部和士官退出现役时，按照国家规定参加城镇职工基本医疗保险的，由本人携带"军人退役医疗保险个人账户转移凭证"和银行汇款凭证，到安置地社会保险经办机构办理保险关系接续手续。其中，退役军人服役年限视同职工基本医疗保险缴费年限，与入伍前和退出现役后参加职工基本医疗保险的缴费年限合并计算。按照国家规定不参加城镇职工基本医疗保险的，退役医疗保险金发给本人。义务兵退出现役时，按照统一标准计付退役医疗保险金。

（4）退役军人失业保险制度。为了实现与地方失业保险制度的顺利接轨，进一步维护军人的保险权益，国家于 2013 年建立了退役军人失业保险制度。

计划分配的军队转业干部和复员的军队干部，以及安排工作和自主就业的退役士兵，享受退役军人失业保险待遇。退役后参加失业保险的，其服现役年限视同失业保险缴费年限。

2013 年 8 月 1 日起，军人退出现役时由所在团级以上单位财务部门开具视同失业保险缴费年限证明，退役军人在城镇企业事业等用人单位就业的，由就业所在地社会保险经办机构将其视同缴费年限记入个人缴费记录。退役军人在地方社会保险经办机构实际参保缴费满一年后失业时，按规定享受失业保险待遇。

### 3. 保障军队人员及军人家属的保险项目

（1）军队人员及军人家属交通意外保险项目。军队人员及军人家属交通意外保险项目于 2013 年 1 月 1 日起实行，并于 2016 年完善，体现了对军队人员及其家庭成员的特殊照顾。

军人及其父母、配偶和未满 18 周岁子女，军队文职人员、军队正式职工和军队管理的离退休人员，乘坐民用交通工具发生交通意外事故，造成死亡或残疾的，保险公司给予一次性交通意外保险金。

（2）随军未就业的军人配偶保险制度。为解决军人配偶随军未就业期间的基本生活保障和养老保险、医疗保险关系的建立与衔接问题，国家于 2004 年建立了随军未就业的军人配偶保险制度。

符合享受条件的情况有 6 种：未就业且无收入的；劳动关系挂靠在企事业单位，实际未就业的且无收入的；从事未签订劳动合同的临时性、季节性等工作，且劳动报酬低于当地最低工资标准的；就业后非因本人意愿中断就业，按规定不再领取失业保险金，也不享受其他失业保险待遇的；未就业且无收入，因军人调动暂时没有随调的；国家和军队规定的其他情形。

随军未就业的军人配偶保险待遇包括：基本生活补贴、养老保险补贴和医疗保险补贴三个部分。具体是：基本生活补贴按照部队驻地艰苦边远程度不同划分，艰苦边远程度越高标准越高。养老保险由个人按规定缴费基数 8% 的比例缴费，由军人所在单位财务部门代扣代缴，全部记入养老保险个人账户。养老保险关系转至地方时，国家按照 1998 年 1 月 1 日以后个人各年度实际缴费基数 12% 的总和计算给予补助，与个人账户全部储存额一并转移至地方社保经办机构。医疗保险按照本人领取基本生活补贴的 1% 标准按月缴费，国家按照同等数额予以补助，全部记入医疗保险个人账户。

（3）远离军队医疗机构部队商业医疗保险制度。为了充分发挥保险的互助共济功能，解决基层部队"看病难"问题，军队建立了远离军队医疗机构部队商业医疗保险。从 2013 年 1 月起，全军小远散单位根据自身实际情况，以军（师）级单位自愿原则，与中国人寿保险股份有限公司省级分公司签订保险合同，集中投保。

距离本建制内卫生队（含）以上军队医疗机构超出 100 公里，或者后送途中时间超过 3 小时的部队的现役军人、优惠医疗家属和在军内就医的职工，可以享受商业医疗保险待遇。

### 三、军人安置保障

军人安置保障是以安置退出现役的军人就业或养老等为内容的制度安排。为了规范退役士兵安置工作，保障退役士兵的合法权益，根据《中华人民共和国兵役法》，制定了《退役士兵安置条例》，于 2011 年 10 月颁布实行。2020 年 11 月 11 日，第十三届全国人大常委会第二十三次会议审议通过《中华人民共和国退役军人保障法》，自 2021 年 1 月 1 日起施行。

地方各级人民政府应当按照移交接收计划，做好退役军人安置工作，完成退役军人安置任务。机关、群团组织、企业事业单位和社会组织应当依法接收安置退役军人，退役军人应当接受安置。

（1）对退役的军官，国家采取退休、转业、逐月领取退役金、复员等方式妥善安置。

以退休方式移交人民政府安置的，由安置地人民政府按照国家保障与社会化服务相结合的方式，做好服务管理工作，保障其待遇。

以转业方式安置的，由安置地人民政府根据其德才条件以及服现役期间的职务、等级、所做贡献、专长等和工作需要安排工作岗位，确定相应的职务职级。

服现役满规定年限，以逐月领取退役金方式安置的，按照国家有关规定逐月领取退役金。

以复员方式安置的，按照国家有关规定领取复员费。

（2）对退役的军士，国家采取逐月领取退役金、自主就业、安排工作、退休、供养等方式妥善安置。

服现役满规定年限，以逐月领取退役金方式安置的，按照国家有关规定逐月领取退役金。

服现役不满规定年限，以自主就业方式安置的，领取一次性退役金。

以安排工作方式安置的，由安置地人民政府根据其服现役期间所做贡献、专长等安排工作岗位。

以退休方式安置的，由安置地人民政府按照国家保障与社会化服务相结合的方式，做好服务管理工作，保障其待遇。

以供养方式安置的，由国家供养终身。

> **国内热点 7-3**

陕西军地拿出有力举措"办好部队的事"

陕西的张亚雄是一名军队自主择业干部,在陕西军转安置部门的帮助下,如今是一家集汽车清洗美容、维修保养、保险理赔于一体的远近闻名的汽车服务公司的负责人。像张亚雄一样的人在陕西还有很多。据悉,陕西省自主择业干部超1万人,为帮助他们走好创业之路,陕西出台《关于鼓励自主择业干部就业创业的若干意见》等文件,在就业创业教育培训、创业资金支持、创业孵化等方面给予大力政策支持。数据显示,陕西省自主择业干部就业创业率高达80%以上。

"自主择业干部是宝贵的人才资源,利用好这一人才资源优势,不仅可以帮助自主择业干部更好地实现人生价值,对促进当地经济社会发展也具有重要意义。"该省军转安置部门负责同志介绍,在陕西,每年有近万名士兵退役返乡。为了妥善安置他们顺利就业,陕西出台了"四个一批"退役安置政策,即:在有编制的前提下,政法干警招一批、专武干部招一批、村(社区)干部招一批和其他公益性岗位招一批,有效解决退役士兵安置难题。

同时,陕西军地相关部门也积极利用新技术的发展,依靠"互联网+",为该省创业增加新助力。例如,举办"互联网+"就业创业专题研修班,组织自主择业干部接受教育培训,开阔视野,还组织研修班学员赴北京、上海、浙江等地,学习运用互联网商业新模式。

此外,将每年4月定为"退役军人就业服务月",要求全省各地每年4月前拿出整体工作计划、具体实施方案,通过招聘会、洽谈会、签约会、培训班等形式,鼓励和帮助退役军人为全省改革发展和社会稳定发挥应有的作用。

正是因为这些政策的支持,大批自主择业干部和退役返乡老兵得到了妥善安置,各得其所,也为当地经济社会发展做出了贡献。

---

(3)对退役的义务兵,国家采取自主就业、安排工作、供养等方式妥善安置。

以自主就业方式安置的,领取一次性退役金。

以安排工作方式安置的,由安置地人民政府根据其服现役期间所做贡献、专长等安排工作岗位。

以供养方式安置的,由国家供养终身。

(4)转业军官、安排工作的军士和义务兵,由机关、群团组织、事业单位和国有企业接收安置。对下列退役军人,优先安置:参战退役军人;担任作战部队师、旅、团、营级单位主官的转业军官;属于烈士子女、功臣模范的退役军人;长期在艰苦边远地区或者特殊岗位服现役的退役军人。

机关、群团组织、事业单位接收安置转业军官、安排工作的军士和义务兵的,应当按照国家有关规定给予编制保障。国有企业接收安置转业军官、安排工作的军士和义务兵的,应当按照国家规定与其签订劳动合同,保障相应待遇。

### 国内热点 7-4

**合作推进退役军人更高质量就业**

2021年3月16日,退役军人事务部与全国工商联签署部际合作协议,为实现退役军人更高质量就业,双方将在联合推动就业工作、信息数据对接共享、工作沟通协调机制、完善政策制度保障等方面加强合作。

根据协议,双方将开展信息共享,建立信息对接机制,将退役军人求职需求与民营企业招聘信息实现精准匹配,依托全国工商联网站,通过"民营企业调查系统",统计退役军人就业创业信息,联合进行民营企业吸纳退役军人就业情况统计调查及分析研究。同时,拓宽就业渠道,加大政策支持力度,持续宣传引导大型民营企业和行业商会积极参与退役军人就业安置工作,增加退役军人就业岗位供给,促进退役军人到相关行业领域就业创业。双方还将共同组织召开民营企业"金秋招聘月"活动,并专设退役军人招聘专区。

退役军人事务部负责人表示,就业是最大的民生,是退役军人工作的重中之重。双方签署合作协议后,将在加强信息数据对接共享、开拓协作路径等方面开展合作,推进退役军人实现更加稳定更高质量的就业。

## 四、军人福利

针对军人的福利项目包括各种政策津贴、休假待遇、公房福利、集体福利设施、现金和实物福利等。此外,与地方福利事业发展相结合,面向军人的福利包括:军人休养事业、疗养事业、孤老收养事业、精神病收养事业等。

## 本章小结

| | 章节知识结构 | | 学习的重点与难点 |
|---|---|---|---|
| 军人保障概述 | 军人保障的含义和作用<br>军人保障的对象<br>军人保障的基本特征<br>军人保障的基本内容 | | 重点:军人保障的含义和作用,军人保障的对象,军人保障的基本内容<br>难点:军人保障的基本特征 |
| 我国军人保障制度 | 军人抚恤优待 | 军人抚恤优待概述<br>死亡抚恤<br>残疾抚恤<br>优待 | 重点:军人抚恤优待的含义<br>难点:死亡抚恤的分类 |
| | 军人保险 | 军人保险制度概述<br>军人保险制度的内容 | 重点:军人伤亡保险制度<br>难点:保障退役军人的保险项目 |
| | 军人安置保障 | | 重点:军人安置保障的内容<br>难点:针对自主就业退役士兵的扶持政策 |
| | 军人福利 | | 重点:军人福利的内容 |

 **案例分析**

### 扎实做好优待工作

2020年1月,退役军人事务部、国家发展改革委等20部门联合印发《关于加强军人军属、退役军人和其他优抚对象优待工作的意见》。军人军属、退役军人和其他优抚对象(以下简称优抚对象)为国防和军队建设做出了重要贡献,应当得到国家和社会的优待。为认真贯彻落实习近平总书记关于退役军人工作重要论述精神,扎实做好优待工作,努力让优抚对象受到全社会尊重,让军人成为全社会尊崇的职业,现提出如下意见:

一、把握总体要求

1. 指导思想

以习近平新时代中国特色社会主义思想为指导,全面贯彻落实党的十九大精神,适应国家经济社会发展、国防和军队建设的新形势,顺应广大优抚对象对美好生活的新期待,坚持国家和社会相结合的工作方针,秉持体现尊崇、体现激励的政策导向,因地制宜,尽力而为、量力而行,逐步建立健全优待政策体系,营造爱国拥军、尊重优抚对象浓厚社会氛围,增强优抚对象的荣誉感、获得感。

2. 基本原则

坚持现役与退役衔接。在加强军人军属优待的基础上,进一步建立完善退役军人和其他优抚对象优待政策制度,更好地体现国家和社会对国防贡献的褒扬。

坚持优待与贡献匹配。综合考虑优抚对象为国防和军队建设所做贡献,给予相应优待,树立贡献越大优待越多的鲜明导向,促进优待工作更加科学规范。

坚持关爱与管理结合。根据优抚对象的现实表现,给予必要的奖惩,引导优抚对象珍惜荣誉,自觉做爱国奉献、遵纪守法、诚信明理的公民。

坚持当前与长远统筹。立足当前国家经济社会发展实际,建立基本优待目录清单,逐步拓展优待领域,丰富优待内容;注重长远可持续发展,统筹规划优待政策制度,不断完善优待工作体系。

二、规范优待内容

(1)在荣誉激励方面,着眼建立健全优抚对象荣誉体系,进一步强化精神褒扬和荣誉激励。为烈属、军属和退役军人等家庭悬挂光荣牌,为优抚对象家庭发春节慰问信,为入伍、退役的军人举行迎送仪式。邀请优秀优抚对象代表参加国家和地方重要庆典和纪念活动。将服现役期间荣获个人二等功以上奖励的现役军人、退役军人名录载入地方志。对个人立功、获得荣誉称号或勋章的现役军人,由当地人民政府给其家庭送喜报。优先聘请优秀优抚对象担任编外辅导员、讲解员等,发挥其参与社会公益事业的优势作用。倡导利用大型集会、赛事播报,航班、车船及机场、车站、码头的广播视频等载体和形式,宣传优抚对象中优秀典型的先进事迹,不断扩大荣誉优待的范围和影响。

（2）在生活方面，不断完善优抚对象抚恤、补助、援助等政策制度，健全抚恤补助标准动态调整机制，保障享受国家定期抚恤补助优抚对象的抚恤优待与国家经济社会发展相适应。调整定期抚恤补助标准时，适当向贡献大的优抚对象倾斜。各地要及时建档立卡，对因生活发生重大变故遇到突发性、临时性特殊困难的优抚对象，在享受社会保障待遇后仍有困难的，按照规定给予必要的帮扶援助。逐步完善现役军人配偶随军就业创业政策，以及随军未就业期间基本生活补贴等制度，激励现役军人安心服役、奉献国防。

（3）在养老方面，国家兴办的光荣院、优抚医院，对鳏寡孤独的优抚对象实行集中供养，对常年患病卧床、生活不能自理的优抚对象以及荣获个人二等功以上奖励现役军人的父母，优先提供服务并按规定减免相关费用。对生活长期不能自理且纳入当地最低生活保障范围的老年优抚对象，各地应根据其失能程度等情况优先给予护理补贴。积极推动与老年人日常生活密切相关的服务行业为老年优抚对象提供优先、优惠服务。鼓励各级各类养老机构优先接收优抚对象，提供适度的优惠服务。

（4）在医疗方面，各地按照保证质量、方便就医的原则，明确本地区医疗优待定点服务机构，为残疾军人，烈属、因公牺牲军人遗属、病故军人遗属（以下简称"三属"），现役军人家属、老复员军人、参战参试退役军人、带病回乡退伍军人开通优先窗口，提供普通门诊优先挂号、取药、缴费、检查、住院服务。各级各类地方医疗机构优先为伤病残、老龄优抚对象提供家庭医生签约和健康教育、慢性病管理等基本公共卫生服务。组织优抚医院为残疾军人、"三属"、现役军人家属、老复员军人、参战参试退役军人、带病回乡退伍军人优惠体检，提供免收普通门诊挂号费和优先就诊、检查、住院等服务。

（5）在住房方面，适应国家住房保障制度改革发展要求，逐步完善优抚对象住房优待办法，改善优抚对象基本住房条件。在审查优抚对象是否符合购买当地保障性住房或租住公共租赁住房条件时，抚恤、补助和优待金、护理费不计入个人和家庭收入。符合当地住房保障条件的优抚对象，在公租房保障中优先予以解决。对符合条件并享受国家定期抚恤补助的优抚对象租住公租房，可给予适当租金补助或者减免。对居住农村的符合条件的优抚对象，同等条件下优先纳入国家或地方实施的农村危房改造相关项目范围。

（6）在教育方面，认真落实现有政策，不断丰富优待内容。符合条件的现役军人、烈士和因公牺牲军人子女就近就便入读公办义务教育阶段学校和幼儿园、托儿所；报考普通高等学校，在同等条件下优先录取。切实保障驻偏远海岛、高原高寒等艰苦地区现役军人的子女，在其父母或其他法定监护人户籍所在地易地优先就近就便入读公办义务教育阶段学校和幼儿园、托儿所，报考普通高中、中等职业学校时降分录取，按规定享受学生资助政策。现役军人子女未随迁留在原驻地或原户籍地的，在就读地享受当地军人子女教育优待政策。优先安排残疾军人参加学习培训，按规定享受国家资助政策。退役军人按规定免费参加教育培训。实施对符合条件的退役大学生士兵复学、调整专业、攻读研究生等优待政策。加大教育支持力度，通过单列计划、单独招生以及学费和助学金资助等措施，为退役军人接受高等教育提供更多机会，帮助退役军人改善知识结构，提升就业竞争力。

（7）在文化交通方面，博物馆、纪念馆、美术馆等公共文化设施和实行政府定价或指导价管理的公园、展览馆、名胜古迹、景区，对现役军人、残疾军人、"三属"、现役军人家属按规定提供减免门票等优待。现役军人、残疾军人、"三属"乘坐境内运行的火车（高铁）、轮船、客运班车以及民航班机时，享受优先购买车（船）票或值机、安检、乘车（船、机），可使用优先通道（窗口），随同出行的家属可一同享受优先服务。现役军人、残疾军人免费乘坐市内公共汽车、电车和轨道交通工具；残疾军人乘坐境内运行的火车、轮船、长途公共汽车和民航班机享受减收正常票价50%的优惠。

（8）在其他社会优待方面，广泛动员社会力量参与优待工作，不断创新社会优待方式和内容。倡导鼓励志愿者参与面向优抚对象的志愿服务。法律服务机构优先提供法律服务，法律援助机构依法提供免费的法律服务。鼓励银行为优抚对象提供优先办理业务，免收卡工本费、卡年费、小额账户管理费、跨行转账费，以及其他个性化专属金融优惠服务。各地影（剧）院在放映（演出）前义务播放爱国拥军公益广告或宣传短视频，鼓励为优抚对象提供减免入场票价等优惠服务。

### 三、健全管理机制

（1）建立优待证制度。国家坚持统筹兼顾、稳步推进的原则，充分运用信息技术手段，逐步为退役军人和"三属"统一制作颁发优待证，作为享受相应优待的有效证件。残疾军人凭残疾军人证，军队离退休干部、退休士官凭离休干部荣誉证、军官退休证、文职干部退休证、退休士官证，现役军人凭军（警）官证、士官证、义务兵证、学员证等有效证件享受相应优待，现役军人家属凭部队制发的相关证件享受相应优待。退役军人事务部制定优待证管理办法，规范优待项目、优待期限，建立发放、变更、信息查验、收回、废止等制度。

（2）明确优待目录。立足当前、着眼长远，在建立完善优待政策制度、逐步健全优待工作体系的同时，依据国家有关法规政策规定，明确当前一个时期需要落地见效的基本优待目录清单。随着国家经济社会发展、国防和军队建设需要以及优待工作不断创新，退役军人事务部负责会同军地有关部门，适时调整更新优待目录，充实完善优待项目，及时向社会发布，组织抓好落实。

（3）完善奖惩措施。建立健全奖惩结合、公平规范、能进能出的优待动态管理机制，激励优抚对象发扬传统、珍惜荣誉、保持良好形象。对积极投身地方经济社会发展、国防和军队建设，做出新的突出贡献受到表彰的优抚对象，应给予表彰和奖励。对依法被刑事处罚或受到治安管理处罚、影响恶劣的，违反《信访条例》有关规定，挑头集访、闹访被劝阻、批评、教育仍不改正的，现役军人被除名、开除军籍的，取消其享受优待资格，已颁发优待证的由当地县级人民政府退役军人事务主管部门负责收回。受到治安管理处罚，挑头集访、闹访被取消优待资格后能够主动改正错误、积极消除负面影响的，经当地县级人民政府退役军人事务主管部门审核同意，可以恢复优待资格。

### 四、加强组织领导

（1）压实工作责任。做好优待工作是党、国家、军队和全社会的共同责任。军地有关部门要切实提高政治站位，加强组织领导，建立联动机制，明确责任分工，充分调动社会力量参与，形成统筹推进、分工负责、齐抓共建的良好工作格局。各地要列支相关经费，对优惠项目予以补贴。各级地方人民政府退役军人事务主管部门要发挥组织和督导作用，及时制定实施方案和任务清单，健全监督检查、跟踪问效和通报具体办法，推动优待工作落地见效。军地各相关部门和单位要认真履行服务优抚对象、服务国防和军队建设的职责，主动担当、积极作为，全力抓好本系统优待工作任务的有效落实。

（2）严密组织实施。军地各相关部门和单位要把优待政策落实情况纳入年度工作绩效考评范畴，作为参加双拥模范城（县）、模范单位和个人评选的重要条件，作为文明城市、文明单位评选和社会信用评价的重要依据。建立工作目标责任制，明确标准、细化举措，制定路线图、时间表，做到各项工作任务有部署、有督促、有总结。强化监督检查和惩戒激励措施，严格跟踪问效和通报制度，及时总结推广经验，宣传表彰先进单位和个人，对消极推诿、落实不力的要及时通报批评，情节严重的严肃问责。

（3）强化教育引导。深入宣传新时代国家优待政策和相关法律法规，引导优抚对象充分认识党和政府的关心关爱，准确领会优待工作的原则、内容和要求，合理确立政策预期，依法按政策享受国家和社会优待。大力宣扬优秀优抚对象先进事迹，引导退役军人保持发扬人民军队的优良传统和作风，积极为改革发展和社会稳定做贡献。加强爱国拥军和国防教育，动员社会各界自觉拥军优属，营造爱国拥军、心系国防浓厚氛围，推动让军人成为全社会尊崇的职业。

军人军属同时享受国家和军队规定的其他优待。

院士和专业技术三级以上，以及相当职级现役干部转改的文职人员，按照本意见有关现役军人的优待规定执行；其他文职人员参照现役军人享受本意见有关优待，具体办法另行制定。

退役军人事务部负责本意见的解释工作。

省级人民政府退役军人事务主管部门要会同军地有关部门根据本意见，结合实际适时研究制定具体实施办法和优待目录清单。

**讨论：**
1. 优待的对象有哪些？
2. 优待政策的制定有什么意义？
3. 优待的内容包括哪些方面？

## 社会实践

**调研目的：**
了解当地的退役军人就业安置情况。

**调研内容：**
以 5~8 人的小组为单位，选取某一地区，完成如下调研：
（1）了解当地机关、人民团体、事业单位和国有企业对退役军人的接收安置状况。
（2）当地在退役军人就业创业方面有哪些政策支持？

## 练习题

### 一、判断题

1. 军人保障也称为社会扶优或扶优安置。（　　）
2. 军人保障对象不包含军人家属。（　　）
3. 义务兵和服现役不满 15 年的士官退出现役的，由人民政府扶持自主就业。（　　）
4. 义务兵和初级士官的残疾，由军队军级以上单位卫生部门认定和评定。（　　）
5. 因公牺牲军人的已满 18 周岁但因上学无生活费来源且由该军人生前供养的兄弟姐妹，可领取定期抚恤金。（　　）
6. 退出现役的一级至十级残疾军人，由国家供养终身。（　　）
7. 残疾军人凭"中华人民共和国残疾军人证"免费乘坐市内公共汽车、电车和轨道交通工具。（　　）
8. 军人保险的对象只针对现役军人。（　　）
9. 军人保险引入了商业保险机制。（　　）
10. 军人安置保障是以安置退出现役的军人就业或养老等为内容的制度安排。（　　）

### 二、选择题

1. 军人保障承担着军人（　　）的保障责任。
   A. 某一方面　　B. 全面　　C. 生活　　D. 医疗
2. 军人保障的经费主要来源于（　　）。
   A. 地方财政　　B. 军队　　C. 中央财政　　D. 民间赞助
3. 军人保障目标既具有经济保障还兼具（　　）目标。
   A. 物质保障　　B. 精神保障　　C. 政治　　D. 激励
4. 在我国，由（　　）主管全国的军人抚恤优待工作。
   A. 退役军人事务部　　B. 国防部门　　C. 军队　　D. 民政部

5. 批准烈士，属于因战死亡的，由军队（　　　）以上单位政治机关批准。
　　A. 营级　　　　　B. 团级　　　　　C. 师级　　　　　D. 军级
6. 现役军人死亡，由县级人民政府退役军人事务部门发给其遗属（　　　）。
　　A. 一次性抚恤金　B. 烈士褒扬金　　C. 工亡补助金　　D. 特别抚恤金
7. 烈士和因公牺牲的一次性抚恤金标准为上一年度全国（　　　）的20倍加本人40个月的工资。
　　A. 城乡居民人均可支配收入　　　　B. 城镇职工人均可支配收入
　　C. 城镇居民人均总收入　　　　　　D. 城镇居民人均可支配收入
8. 军人伤残保险的受益人为（　　　）。
　　A. 军人本人　　　B. 军人配偶　　　C. 军人父母　　　D. 军人子女
9. 军人职业年金制度是在士兵退役离开部队时，（　　　）计算给予军人职业年金补助。
　　A. 分期　　　　　B. 一次性　　　　C. 按月　　　　　D. 按年
10. 士官服现役满（　　　）的，由人民政府安排工作。
　　A. 10年　　　　　B. 8年　　　　　C. 12年　　　　　D. 15年

### 三、简答题

1. 军人保障的对象都包括哪些？
2. 军人保障的特征是什么？
3. 军人保险包括哪些项目？
4. 军人保障的基本内容是什么？
5. 军人安置保障的主要内容是什么？
6. 死亡抚恤的分类有哪些？
7. 抚恤优待的对象是谁？
8. 现役军人死亡，哪些情况可以批准为烈士？
9. 优待具体包括哪些内容？
10. 针对退役军人的保险项目有哪些？

## 延伸阅读

**《退役军人工作创新发展100例》**，退役军人事务部机关党委（人事司）编，人民出版社，2021

**内容简介**：这本创新案例集是退役军人事务部成立以来，第一次出版发行各地退役军人工作经验材料类书籍。为落实退役军人事务部"基层基础基本建设年"有关要求，学习推广基层先进经验，激发基层首创精神，宣传各地具有特色的退役军人工作品牌活动，特面向全国征集了退役军人工作创新案例。该案例集汇编了全国31个省（区、市）和新疆生产建设兵团共100个案例，内容涉及军地共建、政策法规、思想政治和权益维护、规划财务、移交安置、就业创业、军休服务管理、拥军优抚、褒扬纪念、机关党建、干部教育培训、服务保障体系建设等方面工作,对各地创造性开展退役军人工作具有一定启发和借鉴意义。

**《军人社会保障》**,中国劳动社会保障出版社法制图书编辑部编,中国劳动社会保障出版社,2019

**内容简介:**根据人力资源和社会保障工作重点和服务热点,从人社服务对象需求和日常使用习惯出发,精选相关领域内实用的现行有效的法律、行政法规、规章及规范性文件汇编成册,实用性强,针对性强。收录了《中华人民共和国军人保险法》及相关政策法规,包括《军人抚恤优待条例》《退役士兵安置条例》《关于军人退役养老保险关系转移接续有关问题的通知》《关于退役军人失业保险有关问题的通知》等。

# 第八章 补充保障

第八章导读

**学习目标**

- ◇ 正确理解补充保障制度的概念。
- ◇ 了解补充保障制度的基本内容。
- ◇ 掌握员工福利、企业年金、慈善事业与互助保障的一般内容。

**知识结构图**

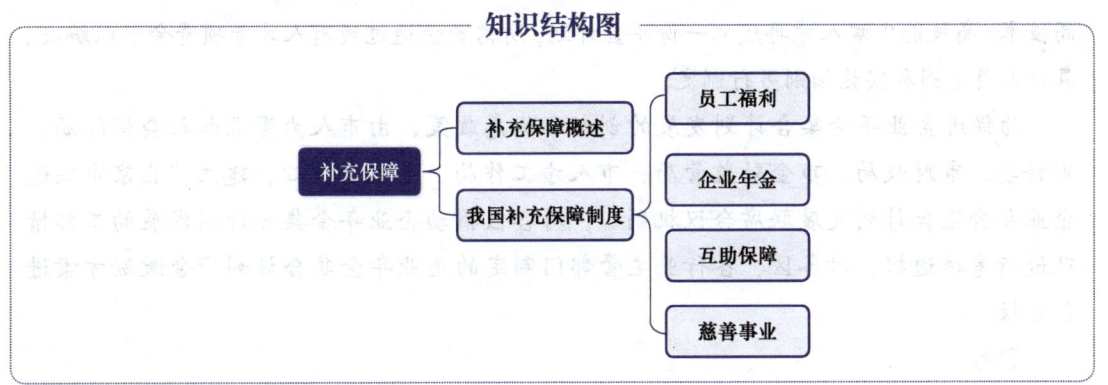

## 引导案例

### 北京：企业年金集合计划

为进一步服务首都"四个中心"功能建设，促进企业年金集合计划发展，推动构建符合北京市实际的多层次养老保险体系，2019年12月，北京市人社局、科委、财政局、金融监管局、人才工作局、文资中心六部门联合印发《关于促进本市企业年金集合计划发展的若干措施》，鼓励企业与职工集体协商制定企业年金方案，并提交职工（代表）大会讨论通过后，加入由年金管理机构设立的集合计划。

**1. 政府主导搭建企业年金集合计划统一平台**

政府主导建立北京市企业年金集合计划统一平台（以下简称"统一平台"），畅通政府、企业和年金管理机构三方沟通渠道，实现参保企业、年金管理机构及年金产品基本情况的透明化展示和便捷化查询，便于企业在统一平台上快速、低成本甄选年金管理机构和年金产品，逐步推动参保职工基本数据的统一记载、转移和接续，并依托统一平台打造"年金政策进企业"宣传品牌，主动深入重点区域、重点企业，点面结合，开展多维度、多层次、多方位的宣传活动，提升企业、职工对年金政策的掌握和理解，解决建立企业年金"找谁办、怎么办"的痛点问题。逐步将企业参加企业年金集合计划情况，纳入企业信用评价体系，并在统一平台上展示。

**2. 政府优惠政策激励**

强化企业年金和政府优惠政策的集成，逐步将职工参加企业年金的情况，作为评选和谐劳动关系单位、人才引进和积分落户等工作的参考条件；作为享受我市鼓励行业发展、吸引或培养人才等优惠政策的重要条件。进一步加大对企业年金的扶持力度，鼓励符合"四个中心"功能定位的国际国内人才参加企业年金集合计划，并在一定范围内试点给予资金激励，标准不超过单位为人才本人实际缴费的60%，绝对额不超过年人均15 000元。具体激励方案和试点范围，由各区、各行业主管部门研究制定，并根据需要申报开展试点。在企业年金集合计划基础上，建立"尖端人才政府年金"，经企业申请为符合条件的高层次、高技术、高技能尖端人才再建立一份年金计划，所需资金通过现有人才专项资金予以解决。具体人员范围和实施细则另行制定。

为促进企业年金集合计划发展的创新和优惠政策，由市人力资源和社会保障局、市科委、市财政局、市金融监管局、市人才工作局、市文资中心，建立"北京市促进企业年金集合计划发展联席会议机制"，对各区推动企业年金集合计划发展的工作情况进行考核通报，对各区、各行业主管部门制定的企业年金集合计划资金激励方案进行审核。

**思考：**

什么是企业年金？为什么政府鼓励企业建立企业年金？它的作用是什么？

# 第一节 补充保障概述

## 一、补充保障的含义

补充保障是基本社会保障制度之外，非政府主导、非强制性的各种社会保障机制的统称，是对基本社会保障制度的补充。

补充保障是现代社会保障体系的一个组成部分。社会保障体系由基本社会保障和补充社会保障两部分组成，基本社会保障是由正式制度安排，由政府或官方机构主导实施的；而补充保障则不同，主要是由社会团体、雇主等举办，个人自愿参加，采取社会化运作和管理的保障项目。因此，具有非政府主导和非强制性的特征。

由于补充保障不具备强制性，国家对其没有统一、强制的法律规定，因此补充保障自由度很高，其是否举办以及保障模式、保障内容、保障范围、资金来源等都很灵活。

## 二、补充保障的功能

### （一）对基本社会保障"查漏补缺"

一方面，补充保障为那些未被基本社会保障制度覆盖的群体提供了化解风险的解决途径。除发达国家外，大部分国家和地区的基本社会保障制度的覆盖范围都有限，那些未被基本社会保障制度覆盖或遗漏在社会安全网之外的人群并不能得到基本的社会保障，因此，为了规避由社会化大生产以及工业化带来的种种风险，他们只有通过补充保障这种形式来获得最基本的保障。

另一方面，补充保障也可以对基本社会保障制度之外的保障项目进行补充。在有些国家，补充保障具有越来越大的社会功能，甚至很多补充保障可以满足国民的多数社会服务的需求，客观上对由政府主导的基本社会保障起到了一定程度的替代作用。例如，由美国联邦政府主导的基本社会保障只针对老年、残疾、遗属的生活保障以及对贫困人员的家庭津贴，而在职人员及其家属的社会保障，或由企业提供的补充保障解决，或由非营利的社会团体解决，或由个人通过购买商业保险解决，这些由非政府主导的补充保障发挥了极其重要的作用。

### （二）提高了保障水平，增进了特定人群的福利

一般情况下，由政府主导的社会保障水平往往偏低，需要由补充保障进行弥补，使原有基本社会保障制度保障的成员增加一层保障，而原来没有基本社会保障制度保障的社会成员会增加一种保障。补充保障能够适应不同人群对保障项目和水平的不同需求，从而提高他们的保障标准和福利水平，因此，补充保障的存在与发展，能够明显增进社会成员的福利水平。

### （三）作为组织人力资源管理手段之一，起到激励员工的作用

当企业提供补充保障时，主要是以员工福利为表现形式，较高的员工福利可以起到激励员工、吸引留住优秀人才的作用，客观上属于企业或社会团体人力资源管理的范畴，因此，合理利用补充保障，可以激励员工为实现组织目标服务。

### （四）满足人类奉献爱心的精神需求

无论是东方还是西方，从古到今，人类都有向善、行善的内在需求，因此，需要有相应的能够实现内在需求的外部条件，而建立在捐赠基础上的慈善事业，作为一种补充保障的形式，刚好可以满足人们奉献爱心的精神需求，同时也加强了社会融合，促进了和谐社会的建立。

## 三、补充保障的分类

根据世界各国特别是发达国家的实践来看，补充保障是一个非常复杂的系统，在此对其进行简单分类。

### （一）按照补偿方式划分

按照补偿方式的不同，补充保障可以划分为经济保障、服务保障与精神保障等。经济保障是通过现金或实物的援助来实现的；服务保障以各种生活服务为主要内容；精神保障则是提供包括文化、伦理、心理慰藉方面的保障。

### （二）按照实施主体划分

按照实施主体的不同，补充保障可以划分为社会补充保障、企业补充保障和个人自我保障。社会补充保障是由各种非政府组织或非营利组织等社会团体主导实施的，如慈善事业、互助保险等；企业补充保障是由雇主主导实施，如企业年金、补充商业保险等；个人自我保障则是包括家庭保障以及纯属个人行为的保障，如个人参加的商业保险、个人储蓄等。

### （三）按照与基本社会保障的相关性划分

按照与基本社会保障的相关性的不同，补充保障可以划分为基本保障附加型补充保障和独立补充保障。前者是以基本社会保障为前提而进行的各种补充保障；后者如慈善事业和互助保障，独立于基本社会保障。

### （四）按照保障水平划分

按照保障水平的不同，补充保障可以划分为社会救助型补充保障、查漏补缺型补充保障和增进福利型补充保障。其中查漏补缺型补充保障主要是指未被覆盖人口参加的商业保险和互助保险等。

### （五）按照保障内容划分

按照保障内容的不同，补充保障可以划分为补充医疗保障、补充养老保障和补充住房福利保障等。

## 四、补充保障的主要形式

### （一）员工福利

**1. 员工福利的概念**

员工福利也称为职业福利或机构福利，是以企业或社会团体为责任主体，专门面向内部员工的一种福利待遇。广义的员工福利一般由以下几部分组成：国家规定实施的各类基本社会保障、企业年金（补充养老金计划）以及其他商业团体保险计划、期权、股权计划、其他自主建立的福利计划等，这部分内容是企业薪酬制度的重要组成部分。狭义的员工福利是企业为满足员工的工作和生活需要，自主建立的、非法定的，在员工工资收入之外向员工本人及其家属提供的系列福利项目，包括货币津贴、实物和服务等形式。本章提及的员工福利指的是狭义的员工福利，也即非法定的员工福利。

2. 员工福利的内容

（1）收入保障计划，是为企业员工提高现在或未来收入的一种福利计划，如利润分享、员工持股计划、企业年金、团体人寿险、住房补贴等。

（2）健康保障计划，是为企业员工提供的用于弥补社会医疗保险不足的一种补充医疗保障。一般通过商业保险的方式来实现。

（3）员工服务计划，是为员工及家属提供的相关服务的一种保障计划，用以支持员工事业发展以及帮助生活有困难的员工，如雇员援助计划、教育援助计划、家庭援助计划以及为员工提供的涵盖交通、健康、旅游、餐饮等方面的服务性福利计划。

（二）企业年金

1. 企业年金的概念

企业年金的发展已经有上百年的历史了，第一家制订企业年金计划的是美国快递公司，于1875年开始。各国关于企业年金有多种称谓，欧洲称其为职业年金，美国为雇主养老金等，这些称谓的基本含义都是在基本养老保险之外，企业为进一步提高员工退休后收入水平而建立的一种补充养老保险计划。

我国企业年金概念是在《企业年金办法》中提出的，是指企业及其职工在依法参加基本养老保险的基础上，自主建立的补充养老保险制度。从定义中可以看出，我国对企业年金的定义是对基本养老保险制度的补充，并且坚持企业自愿的原则。

2. 企业年金与基本养老保险的区别

（1）企业年金在大多数国家实行的是自愿原则，并通过市场机制进行合理的管理和运作；而基本养老保险通常是具有强制性的，由政府机构统一进行管理。

（2）企业年金是企业根据自身经济实力和发展需要而建立的，属于私人产品，政府对其不承担直接责任；社会养老保险则属于公共产品，由政府主导。

（3）企业年金的筹资大多数国家都采用完全积累制，以企业职工个人账户记载每个职工企业年金的缴费、投资收益及利息等全部资产情况；社会养老保险则主要有三种筹资方式：现收现付制、完全积累制以及部分积累制。

（4）企业年金的基金主要由资本市场运作，投资方式多样化；而社会养老保险基金一般由政府机构管理和运营，即便交由私营机构管理，政府也要有较为严格的监管规定。

（5）企业年金注重效率，而社会养老保险则更加关注社会公平原则。

3. 企业年金的功能

（1）补充养老保险或公共养老保险制度，提高退休人员生活水平。企业年金作为养老保障体系的第二支柱，目的是提高养老金的替代率，改善退休人员的生活水平，是基本养老保险制度的重要补充。

（2）是对员工进行收益分配的重要手段。在企业收益分配中，工资、奖金、津贴、股权和期权等都属于即期分配，而企业年金是延期分配，刚好满足了员工，尤其是中老年员工对于退休后收入分配的关心。

（3）提高企业的吸引力和凝聚力。企业年金越高，在人才市场上竞争力就越强，同时在留住企业员工和激励员工方面也能起到积极作用。

（4）企业年金的投资运营为员工带来丰厚回报。企业年金在个人账户的储蓄和积累过程中，通常会进行投资经营，从而获得收益，使企业年金保值增值。

### 4. 企业年金的缴费与给付

企业年金的缴费与给付一般可以分为待遇确定型（DB）和缴费确定型（DC）两种模式。

（1）待遇确定型企业年金是指企业年金的发起人（一般指企业雇主）或者企业年金的管理人向企业年金的参与者做出承诺，保证其未来养老金的支付水平按照事先约定好的标准发放，也就是说参与企业年金的职工在退休后每年或者每个月领取的养老金在数额上是预先确定的。在待遇确定型模式中，职工在退休后以最后工资和工作年限为基础，根据一定的计算公式精算出每月或每年所领取的固定数额的养老金。而总体的费用水平是根据工资增长率、投资回报率以及就业率、死亡率、伤残发生频率等主要相关参数，通过精算模型计算出来的。待遇确定型企业年金的基本操作方式是为参加企业年金的职工设立一个统一的账户，企业年金的缴费和基金投资运作的风险都是由企业承担的，它有两种基本的筹资方式，一是完全由企业承担缴费任务，企业定期向基金注入资金；二是缴费任务由企业和职工共同完成。通常的做法是企业单方缴费。

（2）缴费确定型企业年金是指由参与企业年金的职工定期按照一定的标准向基金注入资金，其退休后养老金的领取是根据缴费的总和以及基金投资收益的情况来确定的。因此，可以说职工缴费是确定的，而退休后可以领到多少养老金是不确定的。在缴费确定型模式中，通常采用企业和个人共同缴费的方式，企业为每位参与企业年金的职工建立一个个人账户，进行账户式管理，而个人账户里面的资金是采用完全积累的方式，投资的收益也归职工所有，计入职工个人账户里面。所以，在这种模式下，职工未来退休时候可以领取的养老金水平就取决于缴费总额、缴费时间期限、投资收益率的高低等，而投资收益高低的风险就由职工个人承担，企业的承诺只限于定期向个人账户供款上。

根据《企业年金办法》规定，我国当前采用缴费确定型的给付模式。

## （三）互助保障

### 1. 互助保障的概念

互助保障是指社会成员之间通过一定的机制相互提供物质帮助的一种生活保障系统。

它不同于自我保障，是社会成员之间的相互帮助，在实践中表现为以互助为条件的自助与他助。同时，互助保障也是一种综合性的生活保障机制，它不仅对社会保险项目进行补充，还可以根据参与者的意愿增设互助项目以满足多种社会性保障需求。互助保障是社会化的生活保障机制，由非官方机构组织按照社会化原则与规律运行，并通过社会化的手段来筹集资金，并且不以营利为目的。互助保障的运行是封闭的，保障对象仅限于参与互助保障的成员，且有明确的身份限制。和其他补充保障一样，互助保障也具有非强制性。

**2. 互助保障的分类**

（1）按照保障对象和范围的不同，互助保障可以划分为家庭互助、社区互助、职业团体互助以及特殊群体互助等。家庭互助是指家庭成员间以血缘关系和感情为纽带，在经济、生活、情感等方面的互助，是基本社会保障制度建立以前的主要保障形式。社区互助是指由社区组织发起，居民自愿、有组织地参与，主要针对特殊困难成员以扶贫、帮困或提供必要的服务的形式进行。职业团体互助一般是由企业内部组织或行业协会、机构承办的封闭式互助活动，只针对某一职业、行业或是企业集团内部员工开展。特殊群体互助是某一特定群体（一般为社会脆弱群体）自发组织设立的互助活动，在需要的时候群体内部通过救助或保险的形式获得帮助，如残疾人互助、女性互助、特殊病重互助等。

（2）按照保障方式的不同，互助保障可以划分为经济互助与志愿者服务（义工）。经济互助是通过提供资金物品等向受助者提供帮助。志愿者服务是向受助者提供服务帮助。

（3）按照运作方式的不同，互助保障可以划分为互助保险与互助救济。互助保险由社会团体承办或委托专业机构承办，是以保险为运作形式的互助行为，保险基金主要来源于会员缴费，具体形式有互助健康保险、互助年金、互助住房保险等。互助救济则是指由非营利机构或慈善组织举办，主要针对弱势群体，给予其基本生活救助的一种形式。由于互助救济的组织形式不同，其资金来源也多样化，主要有私人募捐、财政拨款和社会募捐等。

### 国际视野 8-1

#### 伦敦"互助网络中的成员"项目

由社区志愿者发起并组织的社区邻里间非正式的照护模式，起源于英国1970年开始进行的一系列邻里照护小组的尝试，其中较为典型的是伦敦的"互助网络中的成员"项目。该项目由伦敦"邻里照护行动"计划（NCAP）支持，城市教区资助。最初是由圣沃特社区的五个志愿者发起，他们在参与社区礼拜活动时深刻体会到居民们的需求和面临的困境，并意识到可以通过邻里互助解决这一困境。

邻里互助计划设立的目标就是给予互助网络中的成员以实际支持，老年人和缺乏自理能力的病人是重点关注对象，同时也为社区失业贫困人员、单身失业母亲提供就业机会，以及促进成员间的交流,减少社会隔离。该计划一般会设立专门的组织机构,由政策制定协会和日常工作组织两个部分组成。在此计划下,一个居民自发在商店设立的"邻里活动所"诞生。商店上层是邻里互助协会人员办公室,下层由志愿者正常经营。在商店外人行道边,摆放了桌子和座椅,以提醒居民这里是邻里互助开展活动的根据地。商店共有四位常驻人员及其他互助志愿者长期在社区邻里间开展活动。日常活动中,圣沃特社区将个人需求与团体需求连接起来,自发形成了三个小组:①老年人的"周三俱乐部",主要目的是让足不出户的老年人出门活动;②"母亲小组",专门为社区中的单身母亲、社会隔离较为严重的女性而设立,主要活动是组织聚会、集体出游以及相互间帮忙照看小孩;③"曾患过精神疾病小组"的建立是为了帮助那些近期曾在医院进行过精神治疗的社区成员。这一小组的需求较为特殊,不仅在社会治疗层面,还有设施层面,需要更为长期的计划和更多的社会资源帮助。

### (四)慈善事业

**1. 慈善事业的概念**

慈善事业是指众多社会成员在自愿基础上所从事的一种无偿的、对不幸无助人群的救助行为,是建立在捐献基础上的民营社会性救助事业。这一定义包含以下几个含义:①慈善事业是以社会捐献的形式来帮助受助者的;②慈善事业是社会性事业,因此,单个的、个体的慈善活动不能称其为慈善事业;③慈善事业具有民办性,属于民间的事业;④慈善事业完全以捐献者的意愿为基础,具有自愿性。

**2. 慈善事业的基本特征**

(1)慈善事业以社会成员之间的善爱之心作为道德基础。慈善事业是一种基于高尚伦理道德的事业,社会民众的善爱之心对慈善事业发展起着最关键的作用。

(2)慈善事业以社会成员间贫富差距的存在为社会基础。社会成员收入存在差距是慈善事业存在的前提。

(3)慈善事业以社会捐赠为经济基础。慈善事业不排除政府财政资助,甚至在有些国家慈善事业的发展主要依靠政府财政资助,但是慈善事业生存与发展的独特经济基础只能是社会捐赠。

(4)慈善事业以民营公益机构为组织基础。慈善事业的发展需要政府的支持与监督,但这并不意味着政府可以干预慈善组织,政府的干预会使慈善组织丧失独立性和自主性,改变慈善事业的性质和违背社会捐赠者的意愿。

(5)慈善事业以捐献者的意愿为实施基础。慈善事业是建立在捐献基础上的,这就意味着捐献者有权指定捐款物的使用与分配,慈善组织需要以捐献者的意愿作为实施基础。

(6)慈善事业以社会公众的普遍参与为发展基础。慈善事业的发展需要全社会的广泛参与。只有社会公众普遍参与,才能有利于慈善事业的发展壮大。

> **国际视野 8-2**
>
> **英国红鼻子日**
>
> 红鼻子日（Red Nose Day）是英国极具特色的一个节日，由英国慈善机构"喜剧救助基金会"在1988首次举办，如今每两年（每逢奇数年的3月份）举行一次。喜剧救济基金会一直倡导"通过娱乐传递社会正能量"，旨在打造一个"没有贫困的公正世界"。在短短30多年内，该基金会已经打造成了全英国最大的慈善品牌之一，其代表性项目红鼻子日是英国独特的募捐日，通过喜剧表演帮助英国和非洲的贫困者与社会弱势群体。该项目发起初衷是为了救助埃塞俄比亚的饥荒，现在已扩展到救助英国本土的穷困家庭。与一般募捐不同的是，"红鼻子日"是以让人开心的方式来筹得善款，每到这一天，众多喜剧明星会活跃在各种募捐现场，顶着红鼻头表演滑稽喜剧，引得观众开怀大笑。大家会带上滑稽的红鼻子，穿上各种怪异的服装拿起募捐桶到街头去募捐。有的人在大街上耍把戏引人发笑，从而获得善款。对于这个特殊的红鼻子日，英国人自己总结了一句话："看起来很愚蠢，感觉上很伟大。"

## 第二节 我国补充保障制度

### 一、员工福利

#### （一）我国员工福利的发展

我国员工福利的发展起步较晚，新中国成立之后，为解决职工生活困难，恢复经济，党和政府制定了一系列福利政策，这一时期的员工福利项目基本覆盖所有员工，员工绩效表现与福利没有关系，此外，员工不承担任何福利费用，这一阶段的员工福利仅仅是"保健因素"，没有起到激励员工的作用。

1978年，我国开始实行改革开放，经济结构发生变化，1985年国有企业工资进行改革，理清工资与福利的关系。将原有各类补贴并入职工工资。随着改革的深入，渐渐意识到企业员工福利的重要性。从中央到地方都颁布了多项针对社会保险基金、住房公积金等员工福利的法律法规，且将员工福利费按职工工资总额扣除各种奖金后的14%从成本中列支，标志着企业需根据自身情况来设计本企业的员工福利水平。

随着对外开放程度的逐渐深入，外资企业、合资企业、民营企业的逐渐兴起，我国逐渐步入了市场经济时期。在这一时期，企业福利开始展现出企业自主化，福利体系在企业中发挥的作用也逐渐显现，并逐渐得到企业的高度重视。同时，企业福利的种类也开始进入多元化的阶段，一些先进的人力资源管理办法和理念也逐渐引入，我国企业福利水平也在此阶段出现突破性的变革。

这一时期的员工福利概念主要从两个角度出发,广义的员工福利是基于社会福利制度定义的,是法定的,具有强制性;狭义的员工福利则是以"受益者为企业员工"为基础定义的,是非法定的、由企业自主建立的。本章所介绍的员工福利指的是狭义的员工福利。

### (二) 我国员工福利的种类

1. 经济性福利

经济性福利主要是指为人员提供工资以外的以钱财或实物方式给予的资助,一般包括企业年金、补充商业保险、员工健康检查、防暑降温补贴、伤病慰问、生育补助、子女补贴、住房补贴、交通补贴、餐费补贴、电话补贴、年终补助、生日礼品礼券等。

2. 设施性福利

设施性福利主要是指为维持人员平时生活需求以及帮助人员减轻情绪压力而提供的一些基础设备,包含员工餐厅、阅览室、休闲娱乐中心、医护室、健身中心、员工宿舍等。

3. 娱乐性福利

娱乐性福利主要是指增进员工的身心健康、丰富员工的精神和文化生活而提供的相关福利项目,包含社团活动、运动会、年终晚会、旅游考察活动、文艺庆典活动等。

4. 培训性福利

培训性福利主要是指经过一定的教育以及训练方式来提升人员基础素质与技能的部分员工福利,包括入职培训、在职培训、教育进修补助、培训费补偿等。

5. 服务性福利

服务性福利主要是指为员工提供与工作、生活相关的具有帮助性的福利项目,包括法律咨询服务、心理咨询服务、福利咨询服务、薪资咨询服务、工会服务等。

6. 工时性福利

工时性福利包括各种法定节假日、带薪休假以及弹性工作时间,旨在缓解员工的职业疲劳、平衡员工的工作和生活,是与员工工作时间长短有关的福利项目。

**弹性福利实践市场洞察**

根据 2020 年弹性福利调研报告的数据,2018—2020 年,实施弹性福利的企业数量增长率达到 28%,增长明显。有越来越多的国有企业和民营企业加入到了弹性福利计划中来,并对弹性福利方案的设计进行了大胆的创新。

和传统的相对固定的企业员工福利模式相比，弹性福利是在企业搭建的福利策略基础上，员工可以根据自身的需求对福利项目进行自由搭配和选择。企业上线弹性福利项目时，提供一定的福利积分，是员工进行福利选择和升级的"货币"。一般来说，大多数企业会为员工提供默认弹性福利积分用于员工的福利升级和使用，还有企业除了平移原有传统福利的成本外，还会提供额外的成本作为福利积分，年节福利、保险、体检项目是企业释放积分的最主要来源。

在弹性福利平台上，企业会设计搭配丰富的福利项目供员工进行选择和使用。一般会包含体检自选套餐、保险福利选择、福利商城、员工行为数据分析、弹性报销福利账户等基础模块。在所有福利模块中，最受欢迎的前四名分别是团体保险、福利商城、B2B2C（员工自选和自购保险福利）个人保险以及健康体检，市场流行度均在60%以上。弹性福利惠及的对象除员工本人外，还包括配偶、子女和父母。由于市场上可供选择的父母类产品较少以及员工对于父母健康的关爱需求较大，使得越来越多的企业开始在弹性福利项目中提供与父母相关的福利保障，截至2020年年底该趋势已达到69%（意外险为主）。为员工配偶的父母提供保障福利的趋势也正在逐渐显现。在企业福利成本有限的情况下，B2B2C个人保险作为成本可控的新型福利方案也正在被越来越多的企业所青睐。同时为了更好地消耗员工积分，福利商城已逐步发展成为一个品类丰富的综合线上商城。弹性福利商城最初是通过线上兑换产品，为员工提供健康类相关产品，如洁牙卡、体检卡等。但随着员工需求的不断发展和丰富，企业可以根据具体的福利战略选择相应的健康产品，其中员工最喜爱的产品品类包括健身类产品、电子类产品以及家居类产品等。另外，在弹性福利项目中添加长期保障计划模块，也已经成为一个新的市场趋势。员工可以通过弹性福利平台查看储蓄计划的金额变化，亦可以通过弹性福利平台完成长期储蓄计划中员工投资比例的选择。

## 二、企业年金

### （一）我国企业年金的发展

我国企业年金最早出现于20世纪90年代，国务院1991年6月发布的《关于企业职工养老保险制度改革的决定》，第一次明确提出建立企业补充养老保险问题，标志着我国企业年金制度开始以企业补充养老保险名义进入初创阶段。此后直到1999年，国务院陆续颁布了关于企业补充养老保险制度相关的法律法规，我国的企业年金虽然还处于企业补充养老阶段，但还是取得了一定的成果，补充养老保险制度逐步规范化。

2000年12月25日，国务院发布《关于印发完善城镇社会保障体系试点方案的通知》，明确将补充养老保险名称规范为企业年金，同时明确税收优惠政策，规定企业缴费在职工工资总额4%以内的部分可以纳入成本，允许税前列支，并提出实行市场化管理和运营。这充分体现了国家发展企业年金制度的决心，标志着我国职工补充养老保险从此迈进真正意义上的企业年金制度时代。

2004年是我国企业年金发展中重要的一年，这一年国家陆续出台了多项法规，有效规范并促进了企业年金的发展运行。例如：劳动和社会保障部1月6日发布《企业年金试行办法》；同年2月23日，劳动和社会保障部、中国银行业监督管理委员会、中国证券监督管理委员会、中国保险管理监督委员会联合发布了《企业年金基金管理试行办法》；12月劳动和社会保障部通过了《企业年金基金管理机构资格认定暂行办法》。以上规章对企业年金的建立、运行及其管理进行了明确的规定与规范。

2006年，国务院工作要点明确提出积极发展企业年金。在国务院、有关中央部委积极促进企业年金发展的同时，全国各省市自治区也积极促进企业年金的发展。

2017年12月，人力资源和社会保障部、财政部联合印发《企业年金办法》，是对2004年《企业年金试行办法》的修订、完善和细化。其中，将2004年提出的企业年金的"自愿建立"修订并确定为"自主建立"，进一步表明了国家鼓励企业建立企业年金制度，也是国家发展到新的历史阶段的客观需要。

（二）我国企业年金的制度框架

我国企业年金是由企业自主建立的，其所需费用由企业和职工个人共同缴纳。企业年金基金实行完全积累，为每个参加企业年金的职工建立个人账户，按照国家有关规定投资运营。

1. 企业年金基金筹集

我国企业年金基金由企业缴费、职工个人缴费、企业年金基金投资运营收益三部分组成。其中，企业缴费每年不超过本企业职工工资总额的8%。企业和职工个人缴费合计不超过本企业职工工资总额的12%。具体所需费用，由企业和职工一方协商确定。职工个人缴费由企业从职工个人工资中代扣代缴。

2. 账户管理

职工企业年金个人账户中个人缴费及其投资收益自始归属于职工个人。职工企业年金个人账户中企业缴费及其投资收益，企业可以与职工一方约定其自始归属于职工个人，也可以约定随着职工在本企业工作年限的增加逐步归属于职工个人，完全归属于职工个人的期限最长不超过8年。

职工变动工作单位时，新就业单位已经建立企业年金或者职业年金的，原企业年金个人账户权益应当随同转入新就业单位企业年金或者职业年金。职工新就业单位没有建立企业年金或者职业年金的，或者职工升学、参军、失业期间，原企业年金个人账户可以暂时由原管理机构继续管理，也可以由法人受托机构发起的集合计划设置的保留账户暂时管理；原受托人是企业年金理事会的，由企业与职工协商选择法人受托机构管理。

3. 企业年金待遇

符合下列条件之一的，可以领取企业年金：

（1）职工在达到国家规定的退休年龄或者完全丧失劳动能力时，可以从本人企业年金个人账户中按月、分次或者一次性领取企业年金，也可以将本人企业年金个人账户资金全部或者部分购买商业养老保险产品，依据保险合同领取待遇并享受相应的继承权。

（2）出国（境）定居人员的企业年金个人账户资金，可以根据本人要求一次性支付给本人。

（3）职工或者退休人员死亡后，其企业年金个人账户余额可以继承。

未达到上述企业年金领取条件之一的，不得从企业年金个人账户中提前提取资金。

**4. 管理监督**

企业成立企业年金理事会作为受托人的，企业年金理事会应当由企业和职工代表组成，也可以聘请企业以外的专业人员参加，其中职工代表应不少于三分之一。企业年金理事会除管理本企业的企业年金事务之外，不得从事其他任何形式的营业性活动。受托人应当委托具有企业年金管理资格的账户管理人、投资管理人和托管人，负责企业年金基金的账户管理、投资运营和托管。

### 三、互助保障

我国的互助保障主要由职工互助保障和社区组织的社区互助服务为主。

#### （一）职工互助保障

职工互助保障也称为职工互助保险，是指职工在遵循平等、自由原则的基础上，依靠自己的力量和集体的力量，用互助合作的方式，自筹资金，自我管理，运用商业保险的运营模式，按照保险经营规律，以谋求在发生意外伤害时，采取互助保险的方式，通过大家互帮互助的办法达到保障生活安全，减少风险的一种保险形态，体现了职工之间平等的互助互济关系。其特点是群体性、自愿性和保障补充性。

职工互助保险是一种群体互助互济行为，是由工会组织，职工自愿参加并成为会员，其目标是促进企业内部职工团结，防止因意外、疾病等导致的贫困，能够激发职工的积极性，是对企业职工保障很好的补充手段；职工互助保险的保险组织与其会员之间是一种互助合作关系，会员之间的地位是平等的，会员既享有参与管理的权力又是保险合同的受益人，互助保险亏损由参保会员共同承担，盈余也全部为会员服务；职工互助保障的保费原则上由职工负担，也可根据所在企业工会的情况补充一点。

#### （二）社区互助

社区互助是由非营利性的互助组织承办，作为第三方帮助社区链接和争取相应的资源，面向本社区居民举办的各种社会服务的统称，具有自愿参加、互助互济、非盈利和合作制特点。改革开放后，社区互助从最初的各种便民服务扩展到涵盖社区救助、社区福利、医疗保健、教育、环境保护、家政服务等全方位的社区互助活动，成为保障体系中重要的补充部分。

从目前我国社区互助的实践来看，主要表现为以下特征：①托底性。社区互助是在社区成员享受了法定的基本保障后，因各种原因又遭受到了新的生理上、经济上、社会上的风险，使基本生存发生了严重的困难，社区组织则通过多种途径和办法筹集资金，给予补充性的托底的保障。②服务型。社区在为受保对象进行生活服务、医疗保健服务及其他服务方面发挥着极其重要的作用。社区是社会成员常住生活的地方，社区成员尤其是受保对象（退休老人、重病患者、孕产妇、残疾人、孤老、孤儿等）迫切需要社区提供无偿和低偿的服务保障。③群众性。社区互助是群众性的自我保障和互助保障，是群众行为。因此，要搞好社区互助，必须充分动员社区内的单位和居民，运用好各方资源和力量。④多渠道筹资。社区互助虽然是非营利性、以服务为主的保障形式，但仍然有资金的需求，因此，社区互助开辟了如政府财政支持、社会捐助、会员缴费等多元化的筹资渠道。

### 国内热点 8-2

#### 社区有个互助式育儿中心

家里有幼小的孩子需要照顾，自己还有工作要忙，这个问题一度愁坏了福建省泉州市丰泽区华大社区家有婴幼儿的父母们。自"爱的摇篮——宝宝互助成长中心"（以下简称互助中心）成立以来，这个问题迎刃而解。

**1. 政策扶持：社区支持让互助中心顺利开办**

互助中心负责人陈星是华大社区的一位居民，曾在早教机构工作过。陈星的爱人是华侨大学的一名教师，他去比利时访学时发现，当地高校办有互助型幼儿托管机构，聘有专业人员，教师上课时可以把孩子送过来，不上课时可去做志愿者。这样一来，教师既可以安心上课、做科研，又可以抽出时间去照顾孩子。受此启发，陈星有了举办家长互助型育儿中心的想法，并得到了社区书记庄建珠的支持。

华大社区在泉州市丰泽区民政局支持下，探索创建了社会组织孵化中心，可以为互助中心提供办公、会议室等共享空间。同时，通过丰泽区实施的"党建引领协商自治——社区社会组织培育 123 计划"，由政府购买服务的社工为互助中心的成立、运作出谋划策，让陈星的想法切实落到了实处。随后，招募工作人员以及能参与照看孩子的婴幼儿父母。到 2019 年年底，参与互助托管服务的婴幼儿父母发展到十多人，大家排好日程，轮番上阵。在互助中心，每天都有几位婴幼儿父母在忙碌——整理、清洗、晾晒玩具，消毒餐具，陪孩子们玩耍。

可以说，互助中心能够顺利建成，主要在于国家对社区社会组织的政策支持。2016 年，中共中央办公厅、国务院办公厅印发《关于改革社会组织管理制度促进社会组织健康有序发展的意见》，明确要求大力培育发展社区社会组织，在降低准入门槛、积极扶持发展、增强服务功能等方面提出了许多"硬核"措施。

**2. 居委会全程监督确保互助中心公益属性**

互助中心的运作日益规范，互助模式日渐清晰、成熟。一是等额置换，婴幼儿父母能够提供多少服务时间，孩子就能够等额享受多少时间的免费照看服务。二是互换服务，如果提供互助服务的家长临时有事，可以和其他家长协调互换服务时间段。三是按成本付费享有服务，对于不能提供互助服务的家长，可以通过采取缴纳基本费用的方式，向提供服务时间多的家长支付一定补贴，或购买一些文具等物品。

经广泛征求意见，并公示无异议后，互助中心初步将收费标准定为每小时20元，远远低于商业机构的收费标准。互助中心提供服务的整个过程，由社区居委会全程进行监督，社工给予督导，保障了互助中心的公益性质。

## 四、慈善事业

### （一）我国慈善事业的发展

改革开放以来特别是近20年来，我国慈善事业蓬勃发展，各种慈善力量在扶贫济困、灾害救助、扶老救孤、恤病助残、发展教科文卫体事业、环境保护等领域发挥了积极作用，成为党和政府的重要帮手和社会主义现代化建设的积极力量。

2016年9月1日，《中华人民共和国慈善法》（以下简称《慈善法》）正式施行，这是慈善法制建设的基础性法律，是促进和规范慈善事业发展、加强社会领域立法、全面推进依法治国的重要成果，对我国慈善制度更加成熟定型具有重大意义。与《慈善法》相衔接的《志愿服务条例》于2017年12月1日起施行。《慈善法》实施以来，我国的慈善事业获得了较大发展，正在从传统走向现代、从人治走向法治、从少数人参与走向大众化。党的十九届五中全会提出，"发挥第三次分配作用，发展慈善事业，改善收入和财富分配格局"，这是以习近平同志为核心的党中央对"十四五"时期乃至更长一段时期内慈善事业发展做出的重大战略部署。充分发挥慈善事业的第三次分配作用，是实现共同富裕的重要措施，有助于推动解决贫富差距、促进共同富裕，充分体现了社会主义制度的优越性。

### （二）我国慈善事业的发展成就

**1. 慈善法律法规逐步健全**

改革开放后，全国人大及其常委会先后审议通过或修订了《中华人民共和国红十字会法》《中华人民共和国公益事业捐赠法》《中华人民共和国信托法》《中华人民共和国企业所得税法》《中华人民共和国个人所得税法》《慈善法》，国务院制定了《社会团体登记管理条例》《民办非企业单位登记管理暂行条例》《基金会管理条例》《志愿服务条例》等，这些法律法规为慈善事业的发展提供了支持措施和法治保障。同时，慈善法配套政策也在不断完善。《慈善法》出台后，民政部联合有关部门出台了多项政策措施，使慈善组织发展环境得到不断改善，基本构建了慈善事业制度体系。

### 国内热点 8-3

#### 慈善组织设立的法律依据

慈善组织是我国慈善事业的活跃力量，在动员社会资源、提供慈善服务等方面发挥着重要作用。大力发展各类慈善组织，规范慈善组织行为、确保其活动公开透明，是促进慈善事业健康发展的有力保障。《慈善法》第二章对慈善组织予以专章规范，对慈善组织设立程序、内部治理、信息公开义务等内容进行了规定。其中，慈善组织的设立条件和程序是首要问题，有如下问题需要厘清。

1. 慈善组织及其组织形式

《慈善法》第八条规定："本法所称慈善组织，是指依法成立、符合本法规定，以面向社会开展慈善活动为宗旨的非营利性组织。慈善组织可以采取基金会、社会团体、社会服务机构等组织形式。"

慈善组织本身并不是一种独立的社会组织形式，也不是一种新设的社会组织类型，而是在现有基金会、社会团体、社会服务机构三类社会组织的基础上，按照设定的条件对相关社会组织的组织性质进行的认定。

2. 慈善组织成立的条件

《慈善法》第九条规定："慈善组织应当符合下列条件：以开展慈善活动为宗旨；不以营利为目的；有自己的名称和住所；有组织章程；有必要的财产；有符合条件的组织机构和负责人；法律、行政法规规定的其他条件。"

3. 慈善组织的设立程序

《慈善法》第十条规定："设立慈善组织，应当向县级以上人民政府民政部门申请登记，民政部门应当自受理申请之日起三十日内做出决定。符合本法规定条件的，准予登记并向社会公告；不符合本法规定条件的，不予登记并书面说明理由。"

登记是成立慈善组织的法定程序。《慈善法》为登记部门、申请程序、审查期限、审查决定等提供依据。

另外，对《慈善法》公布之前，已成立的基金会、社会团体和社会服务机构，《慈善法》明确可以申请认定为慈善组织，并对认定程序进行了简化，期限为自受理申请之日起二十日内做出决定。同时，根据《慈善法》相关规定，民政部制定了《慈善组织认定办法》，对慈善组织的认定进行了具体细化。

2. 慈善组织及募捐规模不断扩大

《慈善法》实施以来，全国依法登记、认定的慈善组织从 2016 年的 629 个增长到 2020

年8月的8600多个,这些慈善组织以《慈善法》为依据,开始步入规范发展的法治轨道。慈善组织的公开募捐、慈善服务与内部治理结构以及慈善信息公开等不断走向规范化。民政部先后依法认定了20家互联网募捐信息平台,腾讯公益、阿里巴巴公益、支付宝公益、新浪公益、百度公益、京东公益、公益宝、轻松公益、新华公益、滴滴公益、水滴公益等的慈善募捐日益活跃,已经形成了我国特有的网络慈善生态,并以其便捷性、小额度等特点赢得了公众的喜爱,成为公众接受度最高的公益慈善参与方式。中国慈善联合会发布的《2019年度中国慈善捐助报告》显示,2019年全年,我国共接收境内外款物捐赠1701.44亿元人民币。其中,内地接收款物捐赠共计1509.44亿元,同比增长4.88%,为历年最高。人均捐赠107.81元,比2018年略有增加。2019年,我国慈善捐赠投向教育、扶贫和医疗这3个领域的资金依然最多,捐赠额分别为440.31亿元、379.02亿元、272.23亿元,三者合计占捐赠总量的72.32%,体现了慈善事业关注民生,促进社会公平。全国20家互联网募捐平台汇集的慈善捐赠超过54亿元,同比增长68%。我国现代慈善事业的整体发展规模、社会参与程度、慈善组织建设等都迈上了一个新台阶,对促进经济社会发展发挥了重要作用。

**国内热点 8-4**

### 爱心小超市,扶贫"新名片"

"自从社区开设了慈善超市,极大地解决了我的生活难题。"对于郴州市北湖区燕泉街道龙泉社区居民刘浩来说,社区慈善超市极大地缓解了他生活中的困难。2018年2月,北湖区三元里路的龙泉慈善超市开业,社区里像刘浩一样的残疾人,以及生活有困难的居民都能到慈善超市领取一些生活用品。

龙泉社区慈善超市里米面粮油酱醋一应俱全。最初,这里是一个垃圾站,2017年为了给社区居民搭建一座"爱心桥",在北湖区人大代表袁英婷和多部门的积极努力下,在垃圾站原址上建成了一座两层楼高的建筑,一层为全封闭式垃圾处理站,二层为慈善超市。慈善超市建成后,辖区内的困难群众只需填写申请卡,经社区居委会核实认定并建立档案卡,每户每月即可到慈善超市无偿领取价值100元左右的生活物质。慈善超市的物品,大多数是北湖区人大代表根据群众实际需要捐赠补充的,还有些是企业和爱心人士捐赠。北湖区现有22家慈善超市,人大代表是背后最广泛、最稳定的"供货商"。自从有了慈善超市,爱心捐赠变得更加规范、常态、有形。

随着慈善超市在各社区的不断建立和推广,越来越多的人大代表和爱心企业、爱心人士加入其中,解决了居民日常生活困难。

**3. 慈善作用日益凸显**

慈善组织在脱贫攻坚、急难救助、救灾抢险等工作中大胆探索创新,成为政府的得力助手。2020年是我国全面建成小康社会目标的实现之年，也是全面打赢脱贫攻坚战的收官之年。作为打赢脱贫攻坚战的一支生力军，慈善组织根据自身特点，发挥自身优势，以更大力度、更实举措引导和汇聚慈善力量助力脱贫攻坚，发挥了不可或缺的作用。截至2020年6月底，进入"万企帮万村"精准扶贫行动台账管理的民营企业有10.95万家，精准帮扶12.71万个村（其中建档立卡贫困村6.89万个）；产业投入915.92亿元，公益投入152.16亿元，安置就业79.9万人，技能培训116.33万人，共带动和惠及1564.52万建档立卡贫困人口。

慈善组织在救灾抢险方面也形成了专业力量，2019年新冠肺炎疫情发生以来，广大慈善组织积极响应中央号召，凝聚了全社会的爱心善意，有序参与疫情防控工作，展现出强大的社会资源动员整合能力，成为应对重大灾难、兜好民生底线不可忽视的重要社会力量。

## 本章小结

| | 章节知识结构 | | 学习的重点与难点 |
|---|---|---|---|
| 补充保障概述 | 补充保障的含义<br>补充保障的功能<br>补充保障的分类<br>补充保障的主要形式 | | 重点：补充保障的含义、功能及主要形式<br>难点：企业年金的概念及缴纳、给付方式 |
| 我国补充保障制度 | 员工福利 | 我国员工福利的发展<br>我国员工福利的种类 | 重点：我国员工福利的种类 |
| | 企业年金 | 我国企业年金的发展<br>我国企业年金的制度框架 | 重点：企业年金的制度框架<br>难点：企业年金待遇 |
| | 互助保障 | 职工互助保障<br>社区互助 | 重点：社区互助 |
| | 慈善事业 | 我国慈善事业的发展<br>我国慈善事业的发展成就 | 重点：我国慈善事业的发展成就 |

## 案例分析

**99公益日：架起新公益桥梁**

"99公益日"是腾讯公益联合数百家公益组织、知名企业以及顶级创意传播机构，于2015年9月9日发起的一场互联网募款活动。这场活动通过互联网渠道广泛传播，并结合线上线下联动推广，使公益慈善行为的影响力成倍提高。因此，这一天被称为"中国史上首个全民公益日"。如今"99公益日"已经演变为公益圈内一年一度的重大节日。

六年来，99公益日不断尝试出圈创新，2020年99公益日再一次刷屏，成为让公益出圈的互联网大事件。数据显示，2020年99全民网络公益节在9月7日至9日的三天里，共有5780万人次的网友参与捐款，筹得善款23.2亿元。

这次腾讯公益联手150家影响力大的自媒体、超过1000家公众号，涉及情感、时尚、知识、财经、政经、美食各个领域的大V们，共同打造了"自媒体合伙人计划"。合伙人在腾讯公益平台上认领了专属的公益项目，通过记录传播真实发生的公益故事、与粉丝集结成上百支公益战队，并带头募捐，为公益项目打Call。

三天时间内，自媒体合伙人公益文章里众多感人故事成了朋友圈里的爆款文章，阅读量接近1000万，互动量近20万，150家自媒体公益战队捐款总额超过150万元，共发动7.2万人次参与，涉及超过3亿用户。这意味着，每5个微信用户中，就有1人能看到这些公益故事。

这是公益与自媒体规模最大的一次"集体握手"，据了解，此次自媒体合伙人计划从传播影响力、公益战队行动力、内容策划等角度，出炉了最佳公益传播榜、最强公益战队榜、最佳内容策划榜和最佳公益支持榜四大榜单，20家优秀自媒体上榜。

这次99公益日自媒体合伙人计划，提出了一个新的思路：一方面帮助很多有公益热情但没有专业能力自媒体和专业机构合作，发挥其强大的号召能力；另一方面，这种方式的活动也让更多普通人接触到了公益，并有可能在日常生活中持续关注公益。让那些原本"沉默"在互联网海洋里，只是关心优质内容的网友，首次通过自己喜爱的公众号走出公益的第一步。事实证明，意见领袖文字的力量，可以带动粉丝的公益步伐，使得原先沉默的大多数身上带有了公益的标签，很多人在留言区积极分享自己的公益经历，自发加入了项目传播的阵营中。

正如腾讯主要创始人、腾讯公益慈善基金会发起人陈一丹在2020年"99公益日启动仪式"开幕致辞中所言，如今"99公益日"的筹款额早已不是衡量成功与否的指标，每次"99公益日"所传达的社会正能量，能带动多少人的慈善认同以及更长一段时间对社会良善的推动力，才是我们一直不断追求和看重的目标。

**讨论：**
1. 结合案例说明慈善活动对我国社会保障体系的作用。
2. 如何让更多的人参与到慈善公益活动中去？

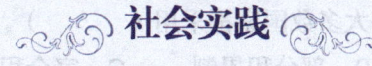

## 社会实践

**调研目的：**
了解我国企业年金的运行及管理现状。

**调研内容：**
以5~8人的小组为单位，选取某一企业，完成如下调研：
（1）了解该企业企业年金的筹资方式，以及账户的管理方式。
（2）了解该企业企业年金的给付条件。
（3）如何理解企业年金是基本养老制度的补充？

## 练 习 题

### 一、判断题

1. 补充保障是由政府主导的社会保障制度。（　）
2. 补充保障是对基本社会保障的"查漏补缺"。（　）
3. 补充保障可以起到激励员工的作用。（　）
4. 企业集团内部员工开展的针对特殊困难成员的互助活动不属于互助保障。（　）
5. 互助保障可以是向受助者提供服务帮助。（　）
6. 个人所进行的慈善活动也可以称为慈善事业。（　）
7. 员工进行在职培训属于员工福利。（　）
8. 企业年金的缴纳允许税前列支。（　）
9. 待遇确定型模式下，职工缴费是确定的，而退休后可以领到多少养老金是不确定的。（　）
10. 缴费确定型模式下，投资收益的风险由职工个人承担。（　）

### 二、选择题

1. （　）是对基本养老保险制度的补充。
   A. 养老保险　　　B. 企业年金　　　C. 社会救助　　　D. 照护保险
2. 我国企业年金的给付模式为（　）。
   A. 待遇确定型模式　　　　　　　　B. 缴费确定型模式
   C. 一次性领取　　　　　　　　　　D. 分次领取
3. 慈善事业以（　）为经济基础。
   A. 社会捐赠　　　B. 政府财政资助　　C. 个人捐助　　D. 慈善组织筹资
4. 企业年金是（　）。
   A. 即期分配　　　B. 延期分配　　　C. 提前预支　　　D. 都可以
5. 对于企业年金的筹集，大多数国家都采用（　）。
   A. 现收现付制　　B. 部分积累制　　C. 完全积累制　　D. 其他
6. 按照互助保障的（　）的不同，互助保障可划分为互助保险与互助救济。
   A. 对象　　　　　B. 内容　　　　　C. 运作方式　　　D. 范围
7. 在（　）模式下，基金投资运作的风险都是由企业承担的。
   A. 待遇确定型　　B. 缴费确定型　　C. 部分积累制　　D. 完全积累制
8. 职工企业年金个人账户中企业缴费及其投资收益完全归属于职工个人的期限最长不超过（　）。
   A. 3年　　　　　B. 5年　　　　　C. 8年　　　　　D. 10年

9. 慈善事业存在的前提是（　　）。
   A. 贫富差距　　　　　　　　　　B. 民众的善爱之心
   C. 政府的支持　　　　　　　　　D. 社会捐赠
10. （　　）是基本社会保障制度建立以前的主要保障形式。
   A. 家庭互助　　　　　　　　　　B. 社区互助
   C. 职业团体互助　　　　　　　　D. 特殊群体互助

### 三、简答题

1. 补充保障的功能是什么？
2. 如何理解补充保障与基本社会保障制度之间的关系？
3. 企业年金的缴费与给付一般可以分为哪两种形式？
4. 什么是互助保障？
5. 员工福利的内容包括什么？
6. 我国的员工福利的种类有哪些？
7. 慈善事业的基本特征是什么？
8. 企业年金与基本养老保险的区别是什么？
9. 企业年金的功能是什么？
10. 请简述我国的互助保障方式。

## 延伸阅读

《**英国慈善活动发展史研究**》，周真真著，中国人民大学出版社，2020

**内容简介：** 该书考察了英国慈善在前资本主义时代、自由资本主义时代、国家垄断资本主义确立时期和福利国家改革时期的发展，通过一系列的案例对慈善与不同群体、社会发展、政治变化等方面的互动进行了分析，在展现英国慈善长时段发展状况的同时，亦揭示了英国慈善活动能够历经数次社会转型而长盛不衰的内在活动机制与源泉。

《**中小企业年金制度设计与创新研究**》，张英明著，科学出版社，2016

**内容简介：** 构建多层次的养老保障体系是促进我国经济社会和谐发展、保障市场化改革顺利推进的一个重要因素。在此过程中，企业年金尤其是中小企业年金日益受到关注。该书的研究重点在于通过调查我国中小企业年金的发展现状及其存在的主要问题，借鉴境外中小企业年金发展的成功经验，构建符合中国国情的中小企业集合年金制度框架。

# 参 考 文 献

[1] 郑功成. 社会保障概论 [M]. 上海：复旦大学出版社，2005.

[2] 郑功成. 社会保障学：理念、制度、实践与思辨 [M]. 上海：商务印刷馆，2020.

[3] 郑功成. 社会保障学 [M]. 北京：中国劳动社会保障出版社，2005.

[4] 李春根. 社会保障理论与政策 [M]. 上海：复旦大学出版社，2018.

[5] 许琳. 社会保障学 [M]. 3版. 北京：清华大学出版社，2018.

[6] 王德高. 社会保障学 [M]. 2版. 武汉：武汉大学出版社，2018.

[7] 宋明岷. 社会保障基金管理：理论、实践与案例 [M]. 2版. 上海：复旦大学出版社，2019.

[8] 王延中. 社会保障发展报告 [M]. 北京：社会科学文献出版社，2020.

[9] 杨翠迎. 社会保障学 [M]. 上海：复旦大学出版社，2015.

[10] 蒲春平，唐正彬. 劳动法与社会保障法 [M]. 北京：航空工业出版社，2013.

[11] 吕学静. 社会保障基金管理 [M]. 4版. 北京：首都经济贸易大学出版社，2017.

[12] 林嘉. 劳动法和社会保障法 [M]. 4版. 北京：中国人民大学出版社，2016.

[13] 吴宏洛. 社会保障概论 [M]. 武汉：武汉大学出版社，2009.

[14] 杨德敏. 劳动法和社会保障法 [M]. 上海：复旦大学出版社，2015.

[15] 李妍，管彦庆. 社会保障理论与实践 [M]. 北京：机械工业出版社，2019.

[16] 钟仁耀. 社会救助与社会福利 [M]. 4版. 上海：上海财经大学出版社，2018.

[17] 林闽钢. 社会保障国际比较 [M]. 2版. 北京：科学出版社，2015.

[18] 仇雨临. 社会保障国际比较 [M]. 北京：中国人民大学出版社，2019.

[19] 穆怀中. 社会保障国际比较 [M]. 3版. 北京：中国劳动社会保障出版社，2014.

[20] 谭建淋. 社会保险知识读本 [M]. 北京：经济科学出版社，2020.

[21] 郑功成. 社会保险法及实践研究 [M]. 北京：人民出版社，2020.

[22] 孙树菡，朱丽敏. 社会保险学 [M]. 3版. 北京：中国人民大学出版社，2019.

[23] 薛在兴. 中国儿童福利与保护改革研究 [M]. 北京：知识产权出版社，2019.

[24] 唐丽娜. 社会福利与社会救助 [M]. 北京：清华大学出版社，2020.

[25] 刘晓梅，邵文娟. 社会保障学 [M]. 2版. 北京：清华大学出版社，2018.